우리가 교문을 바꿨어요!

내가 바꾸는 세상은 불편을 참는 대신 스스로의 힘으로 세상을 아름답게 바꿔 가는 어린이들의 이야기를 통해 유쾌하고 발랄한 시민 의식의 힘을 보여 줍니다.

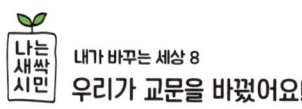

내가 바꾸는 세상 8
우리가 교문을 바꿨어요!

처음 펴낸 날 2021년 11월 20일 | 두 번째 펴낸 날 2023년 6월 5일

글 배성호 | **그림** 김지하 | **펴낸이** 이은수 | **편집** 오지명 | **디자인** 원상희
펴낸곳 초록개구리 | **출판등록** 2004년 11월 22일(제300-2004-217호)
주소 서울시 종로구 비봉2길 32, 3동 101호 | **전화** 02-6385-9930 | **팩스** 0303-3443-9930
인스타그램 instagram.com/greenfrog_pub

ISBN 979-11-5782-122-8 74300 | ISBN 979-11-5782-035-1(세트)

교문을 직접 디자인한 아이들

우리가 교문을 바꿨어요!

글 배성호 ◆ 그림 김지하

초록개구리

차례

1. 여행을 가려면 등산부터 해야 하다니 ···7

2. 등산을 안 하려면? ···13

3. 대학교 수업에 초대받았다고? ···18

4. 든든한 지원군의 등장 ···33

5. 국내 최초 교문 디자인 공모전 ···40

6. 교실에 온 돈가스 교수님 ···46

7. 건축가라면 모형은 필수 ···58

8. 1번? 4번? ···67

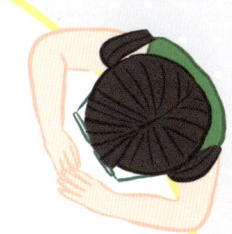

9. 생각하고, 또 생각하고···73

10. 축제 같은 최종 투표···78

11. 교문의 빈 자리···83

12. 새로운 '똑똑똑'···87

13. 두 번째 도전 ···94

14. 연필이자 삼각산이 반겨 주는 햇살초···103

15. 꿈을 담은 교문···108

작가의 말···118

| 일러두기 |

이 책은 서울삼양초등학교 학생들이 4년에 걸쳐 교문을 직접 디자인한 실제 이야기를
1년 동안 일어난 이야기로 각색하여 담아낸 동화입니다.

1. 여행을 가려면 등산부터 해야 하다니

"야호, 드디어 떠난다!"

"오늘을 얼마나 기다렸는데…….."

"난 어제 잠도 제대로 못 잤어."

"잊은 거 아니지? 놀러 가는 게 아니라 교육 여행이라고."

친구들의 들뜬 목소리에 민우가 찬물을 끼얹었어요. 하지만 민우 얼굴에도 은근한 미소가 어려 있었어요.

"뭐라고? 공부하러 가는 거였어?"

훈이가 장난스럽게 되묻더니 말을 이었어요.

"어쨌든 여행은 여행이잖아!"

오늘은 햇살초등학교 6학년 친구들이 강화도로 교육 여행을 떠나는 날이에요. 교실에 모인 6학년 4반 친구들은 손꼽아 기다리던 여행을 앞두고 왁자지껄하게 이야기를 나누고 있었어요. 맨날 오가던 집과 학교가 아니라 수련원에서 2박 3일 동안 지낼 거니까요. 그것도 친구들과 함께요! 모두의 얼굴이 햇살처럼 밝았어요.

서현이도 설레는 마음에 꼭두새벽부터 눈이 떠졌어요. 학교에도 일찍 왔지요. 서현이 같은 친구들이 많았는지 교실은 보통 때보다 일찍부터 웅성웅성했어요.

"그런데 뭘 그렇게 많이 챙겨 왔어?"

은지 가방을 본 서현이 입이 쩍 벌어졌어요. 캐리어가 일주일 해외 여행하는 사람 것처럼 커다랬거든요.

"옷이랑 간식을 넣다 보니까 이만은 해야겠더라고."

은지가 멋쩍게 웃었어요. 은지뿐 아니라 캐리어나 커다란 배낭을 가지고 온 친구들도 많았어요.

"끌고 다니면 되니까 가방이 커도 문제없는데, 버스 탈 때까지가 걱정이야."

"그러게. 우린 버스 타려면 꼭 등산을 해야 하잖아."

은지의 푸념에 서현이가 맞장구를 쳤어요.

햇살초등학교는 언덕에 자리 잡고 있어요. 그런데 정문 폭이 좁아서 버스가 들어오지 못해요. 예전에 버스가 정문으로 들어오려다가 문에 부딪히는 사고가 났는데, 그 뒤로 교육 여행이나 체험 학습을 위해 버스를 탈 때는 후문으로 나간 다음 언덕길을 한참 더 올라가서 솔샘중학교 앞 정류장까지 가야 해요. 아무리 신이 나도 무거운 가방을 들고 언덕을 오르는 일은 꽤나 힘들어요.

그때 박배 선생님이 교실로 들어왔어요.

"여러분, 드디어 기다리던 교육 여행 날이에요! 우리 역사의 보물섬이라는 강화도에 가는 것은 알고 있지요?"

"우리, 강원도로 가는 거 아니었어?"

훈이가 놀란 눈으로 물었어요.

"이럴 줄 알았다니까. 어디로 가는 줄도 모르냐?"

지수가 한심하다는 얼굴로 대꾸했어요.

"그런데 보물섬이라고? 진짜 보물이 있는 건가? 선생님, 보물 찾으면 가져도 돼요?"

훈이의 말에 친구들이 웃었어요.

사실 모두 어디로 가든 상관이 없었어요. 함께 떠나는 것만으로도 좋았으니까요.

"화장실에 다녀올 친구들은 다녀오세요. 그리고 버스 타는 곳까지 올라가야 하니까 모두 신발 끈을 단단히 매고요."

출발을 앞두고 선생님이 말했어요.
웃고 떠들던 아이들 표정이 하나둘 어두워졌어요.

드디어 1반 친구들부터 교실을 출발했어요. 후문을 지나 언덕길로 올라가는 모습이 꼭 개미 떼 같았어요.
"등산 행렬 같아."
서현이가 앞서서 올라가고 있는 다른 반 친구들을 올려다봤어요.
"휴, 캐리어 끌고 교실까지 올라가는 것도 힘들었는데."
은지가 입을 쭉 내밀고 툴툴댔어요.
그때 선생님이 사진 찍는 모습을 본 민우가 말했어요.

"박배 샘은 꼭 이런 장면을 찍더라. 이상한 취미를 갖고 있어."

"우리가 고생하는 장면을 기록으로 남기려고 하다니. 나도 박배 샘을 찍어야지."

윤건이가 핸드폰을 꺼내 선생님을 찍었어요. 야구, 축구, 복싱 등 온갖 운동을 즐기는 윤건이는 친구들과 달리 '여행 전 등산' 미션에도 끄떡없어 보였어요.

어느새 4반 친구들도 언덕 위로 다 올라갔어요. 서현이와 은지가 아래를 내려다보며 숨을 헐떡였어요. 은지가 땀을 흘리며 멋스럽게 둘렀던 스카프를 벗어 가방에 넣었어요.

"헥헥, 드디어 다 올라왔다. 여행 가기 전에는 항상 이렇게 시험에 들게 되네."

"우린 그나마 괜찮은데, 1~2학년 애들은 정말 힘들겠다."

"오! 서현이는 다 올라오니까 동생들 걱정도 하네!"

윤건이가 엄지를 들어 올리며 말했어요.

"올라오기까지 힘들었으니까, 이제 여행 기분을 내 볼까요? 강화도로 출발!"

박배 샘이 흐뭇한 표정으로 버스에 올랐어요.

2. 등산을 안 하려면?

　강화도에서는 사흘 내내 환상적인 날씨가 이어진 덕분에 6학년 친구들 모두 잊지 못할 추억을 만들었어요.

　교육 여행을 마치고 돌아온 며칠 뒤였어요. 수업 종이 울리자 박배 선생님은 여행하는 동안 찍은 사진들을 컴퓨터 화면에 띄웠어요.

　"왜 그렇게 열심히 찍으시나 했네. 그런데 다 같이 사진 보니까 재밌다."

　훈이가 말했어요.

　"어, 저건 첫째 날 봤던 고인돌이다."

　"대박! 서현이와 은지가 고인돌 앞에 있으니까 꼭 청동기 시대 사람 같다."

윤건이가 깔깔댔어요. 서현이의 눈에서 레이저가 발사되는 줄도 모르고요.

"저기는 고려 때 지은 강화 외성이지? 나는 저기가 좋았어."

"나는 조선의 바닷길을 지킨 광성보가 인상적이었는데."

"교과서에 실려 있는 걸 직접 보니까 신기했어. 그런데 사진 보니까 꼭 시간 여행을 한 것 같다."

아이들은 박배 샘이 사진을 한 장씩 넘길 때마다 한마디씩 했어요.

"앗! 저 사진은 뭐야. 완전히 외계 생명체인데⋯⋯."

"하하하! 둘째 날 갯벌 체험 했을 때잖아."

"내 얼굴이 저렇게 나오다니⋯⋯. 이건 내 인생 최악의 흑역사야."

온몸에 진흙을 잔뜩 묻힌 훈이와 윤건이 사진에 친구들의 웃음이 터졌어요.

강화도에서 찍은 생생한 사진을 보면서 어느새 추억이 된 교육 여행을 즐겁게 떠올리던 중이었어요. 다른 사진 속 신나는 아이들과 달리, 찡그린 얼굴이 가득한 사진이 등장했어요.

"앗, 저 사진은 뭐야?"

"우리가 등산하던 때 모습이네."

"선생님, 무거운 짐 들고 버스 있는 데까지 올라가는 거 너무 힘들었어요!"

은지가 그때가 떠오르기라도 하는 듯 입을 내밀었어요.

"맞아요, 꼭 극기 훈련 같아요."

"오르막길 오르다가 설레던 기분을 다 망쳤다니까요."

은지의 말이 끝나자마자 여기저기서 불만이 쏟아져 나왔어요. 그러자 박배 샘이 물었어요.

"여러분 모두 힘들었죠? 선생님도 여러분 보면서 안타까웠어요. 그런데 우리는 왜 여행을 갈 때마다 버스를 타기 위해 언덕을 올라야 할까요?"

"버스가 학교 정문으로 못 들어와서 아녜요?"

서현이가 대꾸하자, 박배 샘이 다시 물었어요.

"버스는 정문으로 왜 못 들어올까요?"

"정문으로 들어오는 진입로가 비탈이고 좁아서, 예전에 버스가 들어오려다가 정문에 부딪혔다고 하던데요? 저희 엄마가요."

윤건이가 말했어요.

"그럼 우리 운동장에 버스가 들어오게 하려면 어떻게 해야 할까요?"

"비탈길을 없애요!"

"길을 어떻게 평평하게 하냐?"

훈이 말에 윤건이가 어이없다는 듯 대꾸했어요.

"그럼 정문을 바꿔요. 버스가 들어올 수 있을 정도로 크게."

"교문을 어떻게 우리 마음대로 바꾸냐?"

이번에는 민우가 훈이 말에 퉁을 주었어요.

"그럼, 아예 교문을 없애면 안 돼요?"

"교문 없는 학교가 어딨어? 문 없는 집 봤어?"

교육 여행의 추억을 되돌아보던 아이들은 어느새 버스가 정문으로 들어오려면 어떻게 해야 하는지 토론을 벌였어요.

수업이 끝난 뒤에도, 서현이의 생각은 정문에 가 있었어요.

"으이구, 강서현! 또 뭔가에 꽂혔구나!"

은지가 서현이를 보며 말했어요. 은지는 알아요. 서현이가 볼을 잔뜩 부풀린 채 한 곳을 뚫어지게 바라보고 있으면 뭔가 골똘히 생각하는 거라는 걸. 서현이의 볼은 한참 동안이나 그렇게 부풀어 있었어요.

3. 대학교 수업에 초대받았다고?

　서현이는 곧잘 엉뚱한 과제를 내주는 박배 샘을 처음에는 괴짜 선생님이라고 생각했어요. 쑥스럽게 가족의 손을 그리고 가족을 인터뷰하라고 하질 않나, 자신이 일주일 동안 버린 쓰레기를 모아 오라고 하질 않나, 주말에 텔레비전이나 핸드폰을 한 시간 이내로 사용해 보라고 하질 않나, 흔치 않은 과제나 활동이 많았거든요. 하지만 과제를 하다 보면 뜻밖에 알게 되는 것이 많았어요.
　박배 샘은 때때로 교실로 친분이 있는 과학자, 박물관 학예사, 기자 등을 초대해서 특별 수업을 하기도 했어요. 박배 샘은 책이나 기사를 읽다가 궁금한 점이 있으면 저자나 기자에게 '똑똑똑' 하며 이메일을 보낸다고 해요.

"선생님은 여러분이 도전하는 사람이 되면 좋겠어요."

"그럼 몇 분이나 답변을 해 주세요?"

지수가 물었어요.

"사실 답변을 못 받는 경우도 많아요. 하지만 그분들이 바쁘셔서 그럴 수도 있다고 생각해요. 그런데 답변을 해 주신 분들과는 꾸준히 연락하면서 서로 도움을 주고받는답니다."

서현이는 전혀 모르는 사람에게 연락을 하는 박배 샘이 참 이상하다고 생각했는데 점차 그 무한 도전 정신에 익숙해졌어요. 바로 교실로 오는 외부 선생님들 대부분이 이렇게 인연을 맺었기 때문이에요. 특히 몇 해째 박배 샘 반 친구들을 대학교로 초대해 주는 건축학과 교수님이 있는데, 이 교수님도 박배 샘의 '똑똑똑'으로 시작하는 편지로 만나게 되었다고 해요.

교수님은 도시에는 어른만 있는 것이 아니라 어린이도 시민으로 함께 살고 있다면서, 대학생들에게 어린이의 눈으로도 건축을 해야 한다고 가르치는 분이었어요. 올해에도 교수님은 박배 샘 반 학생들을 학교로 초대하면서 '초등학생과 대학생의 만남'이라는 특별 수업을 제안했어요.

"대박! 박배 샘의 '똑똑똑' 덕분에 이런 기회가 생겼네."

서현이가 말했어요. 그러자 은지가 젤리를 입에 넣으며 대꾸했어요.

"예전에는 엉뚱하다고 놀렸으면서."

"그때는 '똑똑똑'이라는 말이 풍딴지처럼 들렸거든."

이번 수업은 건축학과 대학생들과 함께하는 데다 자신이 바라는 학교를 디자인해 보는 것이라 친구들의 관심이 높았어요. 서현이는 교육 여행 이후 관심이 생긴 교문에 대한 생각을 자료로 정리했어요. 다른 친구들도 저마다 학교에서 바꾸고 싶은 부분이나 새롭게 만들고 싶은 부분을 고민한 뒤 발표를 준비했어요.

훈이는 친구들과는 또 다른 이유로 이 수업을 눈이 빠지게 기다렸어요. 수업을 마친 뒤 대학교 식당에서 교수님이 맛있는 점심을 사 준다고 했거든요. 대학교 식당에서는 과연 어떤 음식이 나올지 훈이는 무척 궁금했어요.

드디어 특별 수업을 하는 날이 밝았어요. 서현이는 대학교에 가 본 적이 한 번도 없었던 터라 무척 기대가 되었어요. 대학교는 어떤 모습일까요? 언젠가 드라마에서 봤던 장면이 떠오르기도 했어요.

초대받은 한강대학교 앞에 다다르니 대학생들로 보이는 언니 오빠 들도 많고 서점과 카페, 식당도 많이 보였어요. 대학교는 입구부터 무척 넓었어요. 학교가 아니라 꼭 공원 같았지요.

"대학교는 교문이 없나?"

"대학교라서 우리 학교보다 훨씬 크고 웅장한 교문이 있을 줄 알았는데."

윤건이 말에 입구를 둘러보던 은지가 맞장구쳤어요.

"이게 교문 같은데?"

서현이가 양옆에 자리 잡은 하얀 기둥을 가리키며 말을 이었어요.

"대학교 교문은 이렇게 생겼구나. 진짜 신기하다."

"헐, 서현이 말을 듣고 보니 이게 교문 같네."

훈이 눈이 휘둥그레졌어요.

"하하하, 교문에 완전히 빠져 있더니, 이곳에 와서도 교문만 보이는구나!"

은지가 젤리를 질겅거리며 말했어요.

대학교는 초등학교와는 비교도 되지 않을 정도로 넓었어요. 큼직한 건물도 엄청 많았고요. 정문을 지나 꽤 걸어 들어갔는데도 아이들은 아직 건축대학 건물을 찾지 못했어요. 정문 앞에서 학교 지도를 핸드폰으로 촬영해 온 윤건이가 아직 중간도 오지 않았다고 알려 주었어요.

"진짜 넓긴 넓구나!"

체력짱 윤건이에게도 넓게 느껴지나 봐요.

"그런데 이 학교는 신기하게 자동차가 지나다니지 않네."

서현이의 말에 민우가 대꾸했어요.

"대학생들은 지하철이랑 버스 타고 다니니까."

"학교에 학생들만 있냐? 교수님이랑 교직원들도 있잖아."

서현이가 말했어요.

"그런가? 나는 형이랑 누나 들이 잔디밭과 의자에 앉아 책 읽고 차 마시는 것만 보였는데……."

민우가 머리를 긁적였어요.

대학교 교정을 걸으니 마치 소풍을 온 것 같았어요. 어딜 가나 활짝 핀 꽃들이 가득했어요.

"교수님 덕분에 대학교 구경을 다 해 보네."

박배 샘은 아이들이 재잘거리는 소리를 들으면서 발걸음을 옮겼어요.

"건축대학이다!"

윤건이의 외침에 아이들은 마치 오아시스라도 본 것처럼 좋아했어요. 그때 박배 샘이 환한 얼굴로 성큼성큼 앞으로 나아가더니 꾸벅 인사를 했어요. 앞에는 서현이네 반 친구들을 초대해 주신 교수님이 있었어요. 교수님은 환하게 웃으며 박배 샘과 인사를 나누고 아이들을 맞아 주었어요.

"여러분, 반갑습니다! 박배 샘에게 여러분 이야기 많이 들었습니다. 먼 길 오느라 힘들었지요? 대학생들이 여러분들을 기다리고 있답니다. 강의실로 함께 갈까요?"

교수님의 환영 인사를 들으면서 아이들은 우쭐했어요. 학생처럼 깍듯하게 교수님께 인사하는 박배 샘의 모습도 재밌었고요.

강의실에 서현이와 친구들, 그리고 박배 샘이 들어가자 와 하고 박수가 터져 나왔어요. 서현이는 괜히 쑥스러웠어요.

강의실은 꼭 영화관 같았어요. 칠판 쪽에는 스크린이 두 개나 있었고, 의자는 계단처럼 비스듬하게 자리 잡고 있었지요. 뒤쪽 책상 위에는 대학생들이 만든 건물 모형도 놓여 있었어요. 땅 모형 위에 세운 건물은 꼭 진짜 같았어요. 계단 하나하나와 나무, 사람까지 작게 만들어 마치 미니 영화

세트장 같았어요.

"건축학과라서 그런가 신기한 것들이 많네."

"꼭 장난감 집 같지 않냐?"

"나는 레고 모형을 만든 줄 알았어."

"사람까지 이렇게 정교하게 만들다니."

"그런데 이걸 어떻게 만들었을까?"

모형을 만들기 위해 대학생들이 밤을 새웠다는 이야기를 들으면서 서현이는 절로 고개가 끄덕어졌어요.

"우리도 사회 시간에 도시 만들기도 하고, 미술과 실과 시간에 생활 공간 디자인도 해 봤잖아."

윤건이가 말했어요. 훈이도 덧붙였어요.

"그래, 우리가 모형을 이렇게 잘 만들지는 못했어도 아이디어는 비슷했던 것 같아."

"정말 그러네."

기죽지 않고 이야기하는 윤건이와 훈이 덕분에 모두 한바탕 웃었어요.

서현이와 친구들이 모두 자리에 앉자, 교수님이 오늘 수업에 대해 안내해 주었어요.

"첫 번째 시간에는 대학생 선배들이 정성껏 만든 설계 작품에 대해 이야기해 주면, 햇살초 친구들이 의견을 들려주면 좋겠어요. 왜냐하면 이번 주제는 놀이터와 학교 공간인데, 이곳을 가장 잘 아는 사람은 어린이이기 때문이에요. 그다음엔 햇살초 친구들이 만들고 싶은 학교 이야기도 들어보겠어요. 우선 햇살초 친구들이 대학생들의 발표를 듣고 궁금한 점이나 느낌을 자유롭게 이야기해 주세요."

교수님의 이야기를 들으니 서현이는 긴장이 되었어요.

"어휴, 우리가 뭘 안다고 질문을 하냐?"

"꼭 무슨 오디션 심사위원이 된 것 같아."

은지가 작게 속삭였어요.

하지만 걱정은 잠깐뿐이었어요. 대학생 선배들이 각자 만들어 온 학교 또는 놀이터를 발표하자, 여기저기서 질문이 쏟아졌어요.

"계단이 이렇게 많으면 다리가 불편한 사람은 어떻게 올라가나요?"

"난간이 낮아서 위험하지 않아요?"

"그네가 너무 높아 보여요."

처음에는 쭈뼛거렸던 아이들이 저마다 궁금한 점을 쏟아내자, 대학생들은 연신 땀을 흘렸어요. 이 모습을 흐뭇하게

바라보던 교수님이 말했어요.

"어린이의 시선으로 보면 건축이 이렇게 달라질 수 있습니다. 어른들의 눈으로만 보지 않고 어린이를 비롯해 다양한 사람들의 시선에서 설계를 해야 합니다. 잠시 쉰 다음, 햇살초 친구들의 발표를 들어 보겠습니다."

쉬는 시간이 되어 긴장이 풀리자, 서현이는 지금 이 상황이 낯설게 느껴졌어요. 대학교 강의실에서 건축학과 선배들과 함께 수업을 하고 있다니……. 그때 훈이가 투덜대면서 복도에서 강의실로 들어왔어요.

"어휴, 쉬는 시간은 대학교도 짧구나."

이번에는 서현이네 반 친구들이 발표할 차례예요. 학교 공간 중에서 어떤 곳을 새롭게 바꾸고 싶은지 생각해 보고 준비해 왔거든요. 제일 먼저 발표를 한 사람은 윤건이였어요. 윤건이는 학교 운동장이 좀 더 놀기 좋은 곳이 되어야 한다고 말하면서, 운동장에 언덕과 수영장을 만들자는 제안을 했어요. 윤건이의 이야기를 듣고 대학생들은 박수를 치며 격려해 주었지만, 친구들은 핀잔을 주었어요.

"운동장에 어떻게 언덕을 만들고 수영장을 만드냐?"

"저럴 줄 알았어."

그러자 교수님이 물었어요.

"윤건이 이야기를 들으면 꿈같죠? 하지만 윤건이처럼 상상하는 사람이 많아져야 현실도 바꿀 수 있답니다. 여러분은 이런 운동장 만드는 것을 반대하나요?"

"아니요, 저희도 이런 운동장이 있으면 좋겠어요."

"그래요, 오늘 이 시간에는 새로운 가능성을 많이 나누면 좋겠어요."

움츠러들었던 윤건이는 교수님의 이야기에 금세 얼굴이 환해졌어요.

은지, 훈이, 지수, 민우에 이어 반 친구들 모두 학교에 어떤 공간을 만들고 싶은지 발표했어요. 마지막으로 서현이 순서가 되었어요. 서현이는 심장이 쿵쾅쿵쾅 뛰었어요. 서현이는 교문 폭이 좁아서 버스가 들어오지 못하는 상황을 이야기하며 언덕을 오르는 친구들 사진을 화면에 띄웠어요.

"우리는 체험 학습이나 교육 여행을 갈 때 늘 짐을 들고 언덕을 올라가야 해요. 교문으로 버스가 들어갈 수만 있다면 이런 고생은 안 해도 되는데 말이죠."

사진을 보면서 대학생들도 깜짝 놀랐어요.

"혹시 이 뒷모습이 여러분인가요?"

"그렇다니까요. 저희가 이래서 튼튼한 거예요."

훈이가 넉살 좋게 대꾸했어요.

"이런 문제를 해결하기 위해 저는 교문을 새로 만들고 싶습니다."

교수님과 대학생들은 서현이의 이야기에 귀 기울였어요.

"주어진 대로만 살지 않고, 불편한 점을 바꿔 나가려고 노력하는 것은 참 멋진 일이에요. 도전해야 새로운 변화를 만들 수 있어요. 건축가에게 가장 중요한 것은 당연한 것을 당연하지 않게 보고 새로운 시선으로 살피는 것이거든요."

교수님의 말이 끝난 뒤, 서현이네 반 친구들과 대학생들은 몇몇 모둠을 이루어 앉았어요. 햇살초 친구들이 제안한 새로운 학교 공간을 어떻게 만들면 좋을지, 초등학생들과 대학생들이 자유롭게 이야기 나누는 시간을 갖기로 했거든요. 대학생들과 한 모둠이 된 서현이는 괜히 쑥스러웠어요. 하지만 대학생인 사촌 언니를 떠올리자 금세 재밌게 이야기를 나눌 수 있었어요.

윤건이는 같은 모둠 대학생들이 노트북으로 세계 곳곳의 다양한 학교 운동장 모습을 검색해서 보여 주자 입이 쩍 벌어졌어요.

"우와! 이게 진짜 학교 놀이터예요?"

"신기하죠? 윤건이가 이야기한 놀이터랑 비슷한 것이 진짜 있었어요."

모자 쓴 형이 윤건이를 대견해하며 칭찬해 주었어요.

서현이 모둠에서는 다양한 교문을 함께 검색해 보는 시간을 가졌어요. 인터넷 검색창에 '교문'을 쳐 보고, 또 '아름다운 교문'을 검색해서 사진 자료를 보는데 깜짝 놀랐어요. 아이들이 알고 있던 교문 말고도 재치 있는 교문들이 많았기 때문이에요. 다양한 교문을 살펴보면서 서현이네 모둠은 이야기를 실컷 나누었어요.

이야기를 하다 보니 어느새 점심 시간이 되었어요. 강의실을 나와 식당으로 걸어가는데, 길가의 대학생들이 신기하다는 듯 바라보았어요. 초등학생들이 잔뜩 몰려 있으니까요. 서현이와 친구들은 캠퍼스를 가로질러 식당으로 향했어요. 식당에 도착하자 교수님이 돈가스 정식을 주문해 주었어요. 대학생들과 박배 샘은 서빙을 해 주었고요. 전망 좋은 자리에 앉아 선생님과 대학생 선배들이 가져다주는 돈가스를 받아 든 햇살초 친구들은 감동했답니다. 한순간에 점심 시간은 오늘 최고의 순간으로 등극했어요.

"잠깐, 인증 샷 찍어야지!"

은지가 핸드폰을 꺼냈어요.

"잘 먹겠습니다!"

모두 맛있게 점심을 먹었어요. 특히 훈이의 눈은 반짝반짝 빛이 났지요.

"최고의 식사 중 하나로 기록할 거야. 돈가스 교수님 덕분이야."

"돈가스 교수님이 뭐냐?"

윤건이가 물었어요.

"맛있는 돈가스를 사 주셨으니까 그렇지."

훈이의 말 한마디에 교수님은 '돈가스 교수님'이 되었어요.

식사를 마치고 다시 교정을 걷는데, 은은한 꽃향기가 실려 왔어요. 서현이에게 오늘의 특별 수업은 코끝을 스친 이 향기로 기억될 것 같아요.

4. 든든한 지원군의 등장

　햇볕이 따사로운 어느 날, 햇살초등학교 친구들은 특별한 연주회에 초대받았어요. 햇살초를 졸업한 선배 중 지휘자가 있는데, 그분이 이끄는 오케스트라 공연이었지요. 하지만 연주회는 햇살초가 아니라 이웃 학교인 구름초등학교에서 열렸어요. 대형 트럭을 무대로 이용한 공연이었는데, 햇살초로 들어가는 진입로와 교문 폭이 좁아서 트럭이 들어갈 수 없었던 거예요. 감동적이고 멋진 연주였지만 서현이는 속이 상했어요. 왜 남의 학교를 쓰느냐며 놀리는 구름초 친구들의 놀림도 기분이 나빴어요.

　그런데 며칠 후 놀라운 일이 일어났어요.

"대박! 교문 새로 만든대."

등굣길에 만난 훈이가 서현이를 보자마자 외쳤어요.

"정말? 진짜야?"

서현이가 놀란 눈으로 되물었어요.

"윤건이가 그러는데 동문회 선배님들이 새 교문을 만들어 주겠다고 하셨대."

"윤건이가 그걸 어떻게 알아?"

"윤건이 할아버지가 우리 학교를 졸업하셨잖아. 그런데 그제 동문회에서 교문 문제로 회의를 했대. 얼마 전 오케스트라 공연 때 선배님들도 많이 오셨는데 교문 때문에 다른 학교에서 열렸으니, 더 이상은 안 되겠다고 생각했나 봐. 학생들이 무거운 짐을 들고 언덕을 올라 버스를 타는 상황을 두고 그동안 이야기가 많았다 하더라고. 그래서 이참에 동문회에서 교문을 새로 만들어 주시기로 했대."

서현이는 이 소식이 믿기지 않았어요. 교문에 관심을 갖기 시작한 지 얼마 되지 않았는데 어마어마한 지원군이 나타났으니까요! 교실에 도착한 서현이는 설레는 마음으로 박배 샘이 오시기를 기다렸어요. 선생님 목소리로 들어야 진짜 믿을 수 있을 것 같았거든요. 드디어 선생님이 문을 열고 교실로 들어섰어요. 서현이는 박배 샘을 보자마자 물었어요.

"선생님! 교문을 새로 만든다고 하는데, 진짜예요?"

"아니, 그걸 여러분이 어떻게 알았어요?"

선생님 말을 듣고서야 서현이는 안심을 했어요. 선생님은 동창회에서 전해 온 소식에 덧붙여 새로운 이야기까지 전해 주었어요. 서현이네 반이 대학교 건축학과에 초대받아 수업한 사실을 알고는 교장 선생님과 동문회에서 박배 샘한테 새로 지을 교문에 대한 아이디어를 내 달라고 부탁했다고요.

"교문을 어떻게 만들면 좋을까요?"

"2층 버스도 들어올 수 있을 만큼 크고 높게요!!!"

훈이가 양손을 크게 휘저으며 외쳤어요.

"교문 디자인하는 데 우리도 참여하면 좋겠어요!"

서현이의 말에 민우가 대꾸했어요.

"교문 디자인을 아무나 하는 줄 알아?"

"왜 못 해? 돈가스 교수님이 그랬어, 학교는 6년 동안 지낸 우리가 그 누구보다도 잘 안다고. 그러니까 햇살초를 가장 잘 아는 우리가 제일 좋은 아이디어를 낼 수 있다고!"

민우의 말에 기분이 상한 서현이의 목소리가 커졌어요. 윤건이도 덧붙였어요.

"선생님, 우리뿐 아니라 교문 디자인에 전교생이 참여해도 좋겠어요."

"전교생? 1~2학년들도? 꼬맹이들이 뭘 하겠어?"

훈이 말에 윤건이가 불끈했어요.

"우리가 할 수 있으면 동생들도 할 수 있는 거야. 대학생 선배들이 우리를 존중해 주고 의견을 물어보니까 더 생각하게 되더라고. 동생들도 그럴 수 있어."

머쓱해진 훈이가 혀를 쏙 내밀었어요.

박배 샘은 반 친구들의 의견을 교직원 회의 때 제안해 보기로 했어요. 교문 소식은 순식간에 전교로 소문이 났어요.

며칠 뒤, 박배 샘은 알쏭달쏭한 표정으로 말했어요.

"여러분, 자신 있나요?"

뜬금없는 이야기에 서현이는 어리둥절했어요. 박배 샘은 웃으면서 가정통신문을 나눠 주었어요. 맨 앞에 앉아 있던 한 친구가 소리쳤어요.

"대박! 진짜 공모전을 한다고요?"

가정통신문을 재빨리 읽은 윤건이도 말했어요. 교문 디자인 공모전에서 선정되면 상과 함께 문화상품권을 준다고.

서현이는 지난번 반 친구들이 나누었던 의견이 반영되어 무척 기분이 좋았어요. 모두 상품 소식에 들떴어요.

"우와! 정말이야? 문상을 주면 꼭 해야지."

"문화상품권은 사랑이자 행복이지."

"교문을 만드는 것보다 문화상품권이 좋다는 거야?"

"교문도 만들고 문화상품권도 받고, 꿩 먹고 알 먹고! 그럼 좋은 거지 뭐. 하하!"

그때 박배 샘이 말했어요.

"여러분, 교문 공모전을 선생님이 맡기로 했어요."

박배 샘 이야기에 아이들의 눈이 커졌어요.

"아싸! 그럼 우리 반 친구들이 낸 걸로 뽑아 주세요."

"그러다가 선생님 부정 선거로 잡혀 가."

훈이가 신이 나서 말하자 민우가 고개를 흔들었어요.

박배 샘은 공모 접수만 하고 심사는 하지 않는다고 했어요. 심사는 다른 분들이 한대요.

집으로 돌아간 서현이가 엄마 아빠에게 가정통신문을 전하자, 두 분은 무척 놀란 얼굴을 했어요.

"정말 너희가 교문 디자인을 하는 거니?"

대학교 합동 수업을 하기 전 서현이가 도서실에서 건축 책을 빌려 오는 걸 보고 기특하다고만 생각했거든요. 그동안의 이야기를 서현이에게 전해 들은 엄마 아빠는 서현이를 응원해 주었어요.

5. 국내 최초 교문 디자인 공모전

교문 디자인 공모전 마감은 2주일 뒤예요. 잘하고 싶은 마음은 컸지만 서현이는 무엇부터 해야 할지 막막했어요. 생각이 많아지면서 복어처럼 볼이 부풀어 오르는 일이 잦아졌어요. 반 친구들도 마찬가지였어요.

"전학 많이 해서 햇살초가 세 번째 학교인데, 다녔던 학교 교문이 어떻게 생겼는지 기억이 안 나네. 교문이 있긴 했던 건가?"

늘 표정 없는 민우 얼굴에 살짝 그늘이 졌어요.

"그러게. 새로 디자인하려고 보니까 조금 새삼스럽긴 하다! 교문은 다 똑같이 생긴 것 같아."

은지가 웃었어요.

"나는 그림 진짜 못 그리는데……."

윤건이가 고민에 빠져 있으니 훈이가 핸드폰을 만지작거렸어요.

"내가 자신감 1000점 상승시켜 줄까?"

훈이는 사진 폴더에서 예전 수업 때 박배 샘이 그린 그림을 보여 주었어요. 그림에 자신 없어질 때 보려고 찍어 뒀대요. 선생님 그림은 꼭 지렁이를 그려 놓은 것 같았어요.

윤건이와 훈이 대화를 엿들은 선생님은 교문 디자인은 그림을 잘 그려야 할 수 있는 건 아니라며, 선생님이 보는 책들을 아이들에게 나눠 주었어요. 책에 실려 있는 기발한 모습의 건축물을 보면서 서현이는 상상의 나래를 펼쳤어요. 선생님은 가까이에서 볼 수 있는 다양한 문을 촬영해 보는 것도 도움이 될 거라고 조언해 주었어요. 한 친구는 대학교 합동 수업을 떠올리며 인터넷을 검색해 보자고도 했어요.

새로운 교문을 상상해 보기 위해 아이들은 저마다 준비를 했어요. 윤건이는 동네를 둘러보며 눈에 띄는 문을 찍었어요. 다른 학교 교문은 어떻게 생겼는지도 관찰했어요. 시장 입구를 보니 그 앞에 있는 구조물도 문이라고 생각할 수 있을 것 같았어요.

민우는 세계의 유명한 문을 조사해 보면 영감이 떠오를 것 같다며 프랑스의 개선문, 독일의 브란덴부르크 문에 이어, 우리나라의 남대문과 독립문 등을 조사했어요. 은지는 교문에 어떻게 꽃을 넣을 수 있을지 고민했고, 훈이는 평범한 교문은 싫다며 어떻게 하면 세상에 둘도 없는 교문을 디자인할지 고민했어요. 지수는 설계는 정확성이 생명이라며 줄자를 가지고 와서 교문의 높이와 폭을 쟀고요.

서현이는 햇살초 교가를 살펴보다가 만세를 불렀어요.

"삼각산의 정기 받은 햇살초는~"

'그래, 바로 이거야! 우리 지역의 자랑인 삼각산 봉우리를 디자인해야겠다. 햇살이 잘 들어오는 학교니까 해를 그려 넣고.'

시간은 잘도 흘러 어느새 공모전 접수가 끝났어요. 처음에는 몇 작품이나 응모할까 걱정했는데 무려 백 편이 넘었어요. 1학년부터 6학년까지, 참여한 학생들의 나이도 다양했어요. 심사는 돈가스 교수님과 대학생들이 해 주기로 했고, 먼저 열 편을 뽑기로 했어요.

드디어 심사 결과를 발표하는 날이 되었어요. 과연 어느 친구 작품이 뽑혔을까, 어떤 디자인이 뽑혔을까, 전교생이 두근두근했어요.

서현이네 반에서는 서현이, 훈이, 은지 작품이 선정되었어요. 열 편의 아이디어를 낸 아이들은 월요일 방송 조회 때 발표를 하기로 했어요. 교문 디자인을 응모할 때 왜 이런 생각을 했는지 이유도 함께 써서 냈기 때문에 발표할 내용은 따로 걱정할 필요가 없었어요. 서현이는 발표하는 것이 무척 떨렸지만 은지, 훈이와 함께여서 마음이 놓였어요. 다행히 방송에 얼굴은 나오지 않고 교문 디자인만 나온다고 해서 한숨을 돌렸지요. 발표 첫 번째 순서는 서현이었어요.

"저는 교가에 삼각산이 나온다는 사실과 햇살초에 햇살이 가득 들어온다는 사실을 바탕으로 교문을 디자인했습니다."

훈이와 은지가 차례로 뒤를 이었어요.

"학교에 오는 길이 즐거웠으면 좋겠다는 바람으로 커다랗게 웃고 있는 얼굴로 교문을 디자인했습니다."

"교문이 쉼터가 되면 좋겠어요. 그래서 꽃이 자라고 의자가 있는 교문을 생각해 보았습니다."

은지는 목소리가 떨리지 않게 하느라 무척 애를 먹었어요.

다른 친구들의 작품 설명이 이어졌어요. 열 편은 식당 게시

판에 전시되었어요. 전교생은 며칠 동안 마음에 드는 작품에 스티커를 붙였어요. 투표를 해서 으뜸상, 버금상, 참가상을 가리기로 했거든요. 가정통신문에 선정된 작품을 실어, 학부모님들도 핸드폰으로 교문 디자인 선정에 참여했어요.

드디어 발표 날이 다가왔어요. 으뜸상은 서현이의 몫이었어요. 교실에서 반 친구들은 마치 자신의 일처럼 "만세!"와 "대박!"을 외치며 박수를 쳤어요.

박배 샘도 흐뭇해했어요.

"서현이뿐만 아니라, 교문 디자인 공모전에 참여한 여러분 모두 다 멋졌습니다!"

6. 교실에 온 돈가스 교수님

월요일 오후, 조금 일찍 시작된 더위 탓인지, 비를 잔뜩 머금은 것 같은 공기 탓인지 서현이는 몸이 무겁게 느껴졌어요. 은지는 지루함을 달래려 젤리를 질겅질겅 씹었어요. 그때 교실에 들어온 박배 샘이 싱글벙글 웃으면서 말했어요.

"여러분, 교문 공모전 재밌었죠? 자, 이제 힘을 모아 교문을 제대로 만들어 볼까요?"

은지가 눈을 번쩍 뜨며 되물었어요.

"서현이가 디자인한 교문 그대로 만드는 거 아니었어요?"

"실제로 교문을 만들기 위해서는 건축 전문가의 힘이 필요해요. 그래서 지난번에 만났던 건축학과 교수님과 대학생 선배들이 함께해 주기로 했어요. 돈가스 교수님은 실력이 좋은 건축가거든요."

"우와! 우리 또 돈가스 먹는 거예요?"

훈이가 장난스럽게 눈알을 뒤룩거렸어요.

"교수님과 대학생 선배들이 교문 어벤저스인 거네요!"

윤건이가 말했어요.

며칠 뒤, 교실로 돈가스 교수님과 낯익은 대학생들이 찾아왔어요. 만난 지 한 달밖에 지나지 않았는데, 학교 교실에서 마주하니 서현이는 새삼 낯설게 느껴졌어요.

"오늘은 우리가 여러분 학교에 왔어요. 대학교에서 볼 때보다 훨씬 더 좋은데요! 건축을 가르치는 사람으로서 앞으로 여러분과 함께 교문 특별 수업을 열어 가려고 합니다."

교수님의 이야기에 모두 눈을 반짝였어요.

"여러분이 디자인한 교문을 보면서 감동받았어요. 아주 재미난 생각이 많더라고요. 우리는 여러분의 생각을 실제 교문으로 만들어 내는 데 도움을 주기 위해 왔어요. 그래서 학교에 들어서면서 교문을 눈여겨봤지요."

교수님이 말하자 반 친구들 표정이 환해졌어요.

교수님은 왜 교문을 바꾸려고 했는지, 교문을 디자인할 때 어떤 점을 고려했는지 물었어요. 그리고 건축을 할 때 먼저 생각해야 하는 것이 있다고 했어요.

"건축물을 설계할 때 네 가지를 꼭 따져 보아야 해요. 바로 안전, 재미, 편리, 상징이에요."

반가움에 어수선했던 분위기가 순식간에 조용해졌어요. 뭔가 심상치 않은 이야기가 시작된 것 같았거든요. 아이들 눈빛을 본 교수님이 말했어요.

"어려울 것 없어요. 예를 들어, 건축물은 아무리 멋지고 재밌고 다양한 기능이 있더라도 안전하지 않으면 아무 소용이 없어요. 건물을 제대로 짓지 않아 건물이 무너지고 사람들이 다친 일도 실제로 많아요. 교문도 마찬가지예요. 재미있는 상상도 중요하지만 교문이 안전하게 지어지지 않으면 여러분이 다칠 수도 있겠죠? 그래서 우리가 여러분과 함께 하기로 한 거예요. 이미 여러분은 공모전에서 이런 부분을 잘 풀어냈어요."

공모전을 준비하면서 한 번도 생각해 보지 않았던 '안전'이란 단어에 서현이는 귀를 쫑긋했어요.

"그럼, 교문을 설계할 때 따져 보아야 할 것을 네 가지 요소를 중심으로 하나씩 얘기해 볼까요? 여러분이 생각하는 것을 지금 나눠 주는 포스트잇에 적어 보세요. 첫 번째 '안전'부터 말해 봅시다. 교문을 설계할 때 안전과 관련되어 어떤 점을 고려해야 할까요?"

교수님의 말에 하나둘 의견을 말했어요.

"자동차 다니는 길과 사람이 걸어 다니는 길이 겹치면 안 돼요."

"좋은 재료로 튼튼하게 지어야 해요."

"어두우면 다치니까 날이 흐릴 때 조명이 들어오면 좋겠어요."

"교문에 전화기가 있으면 좋겠어요. 교문이 건물과 한참 떨어져 있으니 급히 연락해야 할 때 할 수가 없거든요."

아이들의 이야기를 들은 교수님이 말했어요.

"여러분, 이야기를 잘 해 주었어요. 중요한 이야기가 많았어요. 맞아요, 교문 자체도 안전해야겠지만 교문 주변 환경도 안전해야 해요. 또 공모작 중 외부인의 출입을 금지하기 위해 높다란 철문을 그려 놓은 친구도 있었는데, 이것도 안전을 중시한 안이라고 할 수 있겠어요."

교수님은 교문을 설계할 때 '재미'를 주기 위해 할 수 있는 것들이 뭐가 있을지 물었어요. 그러자 은지가 말했어요.

"훈이가 교문을 웃는 얼굴로 디자인했는데, 동생들이 엄청 좋아했어요."

"숟가락과 포크가 있는 교문도 인기였고요."

이 외에도 교문에 전광판이 있으면 좋겠다는 아이, 담쟁이 덩굴이 있으면 좋겠다는 아이, 스피커에서 음악이 흘러나오면 좋겠다는 아이, 분수처럼 물이 솟아 나오면 좋겠다는 아이, 향기가 나면 좋겠다는 아이 등 어느 때보다 활기차게 의견을 냈어요. 그러자 민우가 말했어요.

"에이, 향기는 좀 심하지 않아요?"

"하하하, 세계적인 건축가들도 혼자만이 아니라 여러 사람과 함께 생각을 모아 나가면서 건축물을 설계한답니다. 처음에는 생각나는 것들을 거르지 말고 마음껏 이야기해요. 여러 의견을 주고받다 보면 새로운 상상을 할 수 있으니까요."

서현이는 교수님 말이 가슴에 와 닿았어요. 조금은 엉뚱한 친구들의 생각을 듣다 보니 자연스레 새로운 아이디어가 떠올랐거든요. 교수님 덕분에 처음엔 쑥스러워하던 친구들도 점점 의견을 보탰어요.

"공모한 디자인 중 교문에 학생들 그림을 전시하자는 의견도 있었어요. 문어 다리 모양으로 만든 교문도 있었고요. 이것도 재미 요소로 볼 수 있겠죠?"

문어 다리 디자인 이야기가 나오자 웃음이 터져 나왔어요. 생각만 해도 웃음이 나오는 걸 보니 정말 재미있는 디자인은 확실한 것 같아요.

"교문은 건축가 마음대로 뚝딱 만들 수 없어요. 으뜸상을 받은 안대로만 만들 수도 없지요. 이렇게 햇살초 친구들의 의견을 모아서 만들어 가는 과정이 참 중요해요."

모둠별로 함께 자리한 대학생 선배들은 우리가 하는 이야기를 열심히 기록했어요.

"다음으로, 교문에 이게 있으면 편리하겠다, 생각하는 부분을 말해 볼까요?"

교수님의 말에 가장 먼저 은지가 말했어요.

"교문에 쉼터처럼 의자가 있으면 좋겠어요. 교문이 있는 곳에서부터 언덕이 시작이거든요."

은지를 시작으로 이야기가 쏟아져 나왔어요.

"시계가 있으면 좋겠어요."

"비를 피할 수 있는 지붕이 있으면 좋겠어요."

"정수기가 있어서 물을 마실 수 있으면 좋겠어요."

교수님은 정말 상상력이 뛰어나고 창의적이라며 아이들을 칭찬했어요.

"햇살초를 가장 잘 아는 사람은 바로 여러분이에요. 박배 샘은 이 학교에 오신 지 4년째이지만 여러분은 이제 6학년이잖아요."

"맞아요, 저희가 박배 샘보다 학교를 잘 알긴 해요."

윤건이의 말에 박배 샘도 인정한다는 뜻으로 고개를 끄덕였어요.

"윤건이와 은지는 할아버지 할머니도 우리 학교 다니셨어요."

훈이가 말했어요.

"3대가 같은 학교를 다닌 친구들이 있군요. 정말 햇살초 전문가네요."

아이들은 '햇살초 전문가'라는 말에 신이 났어요.

"공모작 중 교문에 매점을 마련해 놓은 친구가 있었는데, 이 안도 편리를 중시한 거라 볼 수 있어요. 자, 지금까지 안전, 재미, 편리와 관련한 이야기를 나눴어요. 안전만 생각하면 재미가 없을 수 있고, 재미만 생각하면 교문의 기능을 제대로 살릴 수 없겠지요. 지금부터는 마지막으로 햇살초만의 상징을 담아 교문을 만드는 것에 대해 이야기해 보려고 합니다."

교수님의 목소리가 '햇살초'에서 살짝 커졌어요. 덩달아 커진 목소리로 윤건이가 되물었어요.

"햇살초만의 상징을 나타내는 교문이라고요?"

"네, 새로 만드는 햇살초 교문은 세상 어디에도 없는 것이니까요. 그럼, 학교를 상징하려면 어떤 교문이 되면 좋을지 함께 이야기해 볼까요? 삼각산 모양을 살리면서 햇살이 잘 들어오는 점을 담으려고 했던 서현이의 디자인이 으뜸상을 받았잖아요. 재미있으면서도 학교의 상징을 잘 잡아 주었어요."

서현이는 교수님이 자신의 안을 이야기하자 부끄러우면서도 뿌듯했어요.

"서현이는 어떻게 이런 생각을 하게 되었나요?"

"교가에 삼각산이 나오기도 하고, 학교 뒤로 삼각산이 보이기도 해요. 또 우리 학교가 햇살이 잘 비추는 곳이라 '햇살초'라 이름 붙였다는 이야기에 삼각산 모양의 교문에 해를 넣은 거예요."

서현이가 또박또박 대답했어요.

"그래요, 바로 이런 것이 학교 상징이라 할 수 있어요. 공모작 중에도 삼각산 모양의 교문이 많았답니다. 햇살초를 상징하는 것으로 더 생각나는 것이 있나요?"

"교가가 교문에 쓰여 있으면 좋겠어요."

"학교 상징 마크가 들어가면 좋겠어요."

"햇살초의 상징은 당연히 학생이죠. 교문에 학생들을 그려 넣으면 어떨까요?"

"우리 학교 교화인 장미꽃이 들어가면 좋겠어요."

돈가스 교수님과 함께하는 수업은 아주 재밌었어요. 즐겁게 이야기하는 가운데 건축을 할 때 필요한 것은 무엇인지, 또 햇살초의 교문을 어떻게 만들 것인지 자연스럽게 알 수 있었거든요.

모둠별로 앉아서 대학생들과 함께 공모전에 참여했던 작품들을 다시 살펴보기도 했어요. 백여 편의 교문 안들을 건축의 네 가지 요소로 살펴본 거예요.

수업이 끝날 즈음, 각자 써 두었던 포스트잇을 칠판에 안전, 재미, 편리, 상징 등 요소별로 붙였어요. 친구들의 생각을 한눈에 보이도록 정리를 하니까, 서현이는 오늘 나누었던 이야기가 머릿속에 쏙쏙 들어왔어요.

"앞으로 목요일마다 특별 수업을 할 건데, 다음 주에는 교문 모형을 만들어 보겠습니다."

대학교 건축 수업에 이어 교실에서 열어 간 교문 수업을 통해 햇살초 친구들은 자신감이 생겼어요. 마치 자신이 건축가가 된 느낌이었어요. 서현이는 다음 수업은 어떨지 무척 기대가 되었어요.

7. 건축가라면 모형은 필수

 교문 모형을 만들어 보기로 한 날이에요. 오늘부터는 대학생 선배들만 온다고 했어요. 지난 수업이 끝나고 훈이가 돈가스 정식 타령을 하면서 대학생 선배들을 돈가스와 관련한 별명으로 불렀는데, 어느새 반 친구들 모두 그렇게 불렀어요. 우동을 건네준 대학생은 우동 샘, 단무지를 건네준 대학생은 단무지 샘이 되었어요. 졸지에 샐러드 샘과 밥 샘도 탄생했어요. 대학생들은 햇살초 친구들이 지어 준 별명을 듣고 처음엔 당황했지만 곧 자기들끼리도 별명으로 불렀어요.
 미술 시간을 앞두고 서현이는 지난번 수업을 떠올리며 대학생 선배들을 기다렸어요. 일주일만의 재회에 교실은 뜨거우면서도 유쾌한 에너지로 가득했어요.

우동 샘은 활기찬 인사를 마치더니 이렇게 물었어요.

"자, 건축을 할 때 고려해야 할 네 가지가 뭐라고 했죠?"

그러자 훈이가 제일 먼저 외쳤어요.

"안재편상이오. 안전, 재미, 편리, 상징."

"하하. 대단하네요."

훈이가 앞 글자를 따서 이야기하자 모두 웃었어요.

"새로운 것을 건축하려면 처음에는 생각한 것을 스케치하고, 스케치를 마치고 나서는 직접 모형을 만들어 봅니다. 건축물 모형을 만들기 전에 먼저 해야 할 것이 있는데, 바로 건축물이 들어설 장소를 모형으로 만드는 거예요. 건축물은 건축물이 딛고 설 장소와 떼려야 뗄 수 없기 때문이지요. 건축물이 들어설 자리는 우리가 만들어 왔습니다. 오늘 이 시간에는 여러분이 새롭게 만들고 싶은 교문 모형을 만들어 이 위에 놓아 볼 거예요. 모형을 만들어 보면 실제로 교문을 만들 때 무엇이 필요한지 더 잘 알 수 있거든요."

건축학과 강의실에서 보았던 모형을 직접 만들다니, 서현이는 신이 났어요. 꼭 대학생이 되어 건축 수업을 듣는 것 같았거든요.

새로 지을 교문은 원래 교문이 있던 언덕 아래가 아니라 언덕 위에 세운다고 했어요. 학교 건물이 보이는 곳에 교문이 있으면 좋겠다는 의견 때문이었어요. 대학생들이 만들어 온 모형은 정말 교문 자리와 똑같았어요.

"교문 세울 곳의 위치와 높이를 측정하고 인공위성 사진까지 다 본 다음 만든 거랍니다."

"우와! 교문 자리랑 진짜 똑같아요. 어떻게 이렇게 잘 만들어요?"

은지의 감탄에 윤건이가 말했어요.

"교수님이 우리한테는 엄청 친절하신데, 대학생들한테는 맨날 숙제 내고 검사할 때는 엄청 무섭대."

'건물을 짓는 데 실수가 있으면 안 되니까 호랑이 선생님인가 보다. 우리는 귀엽게 봐주시는 거였구나.'

서현이는 웃으면서 생각했어요.

서현이네 반 친구들은 모형 만들 재료를 준비하기 위해 학습 준비물실에 갔어요. 모둠별로 경쟁하듯이 다양한 재료를 챙겼지요. 아이들이 다시 교실에 모이자 단무지 샘이 말했어요.

"자, 지금부터 올림픽 정신으로 교문을 만들어 보면 좋겠어요."

"갑자기 웬 올림픽이에요?"

윤건이가 의아하다는 듯 물었어요.

"올림픽은 참가 그 자체만으로도 큰 의미가 있거든요."

"저는 금메달을 따라고 한 줄 알았어요."

"우리는 우리가 만들어 온 모형 크기에 맞춰서 만드는 것만 도와줄게요. 나머지는 여러분이 모두 직접 아이디어를 내고 만들어 보세요."

교문을 만들 때 꼭 반영해야 하는 요소와 선택하여 반영할 수 있는 요소에 대해서도 알려 주었어요.

"상징과 안전은 꼭 반영해야 하고, 재미와 편리는 즐겁게 선택하여 반영해도 되겠죠?"

서현이네 모둠에서는 먼저 어떤 교문을 만들지 이야기 나눴어요.

"삼각산 모양이 들어가면 좋겠어."

"학교 마크도 들어가면 좋겠고."

서현이와 친구들은 교문에 들어갈 필수적인 기본 요소들을 차근차근 떠올려 보았어요.

"안전을 위해 차도와 인도를 확실히 구분할 필요가 있어."

"그러려면 교문 밑 도로에 페인트를 다른 색으로 칠해야겠다."

서현이와 승민이의 말에 은지도 의견을 보탰어요.

"언덕이 시작되는 곳이니까 의자를 만들자."

"햇빛이나 비를 막을 수 있는 가림막도 만들고."

"시계도 있으면 어떨까?"

훈이네 모둠에서도 즐겁게 이야기를 나눴어요.

"우리는 촉감이 좋은 교문을 만들어 보자."

"향기가 나면 좋겠어."

훈이와 가연이가 신이 나서 이야기를 주고받는데 민우가 또 찬물을 끼얹었어요.

"상상력이 너무 뛰어난 것 아니야?"

"돈가스 교수님이 말했잖아. 이런저런 상상을 주고받다 보면 새로운 아이디어가 나온다고! 우리, 세상에 없는 교문을 만들어 보자. 코와 손이 즐거운 교문도 필요해."

훈이가 손가락으로 슬쩍 장난을 치자 민우가 어깨를 으쓱했어요.

"쉬거나 햇빛을 피할 수 있는 장치도 만들자."

"우리 학교 상징인 마크도 넣고."

처음에는 장난처럼 시작한 아이들 눈빛이 점점 진지해졌

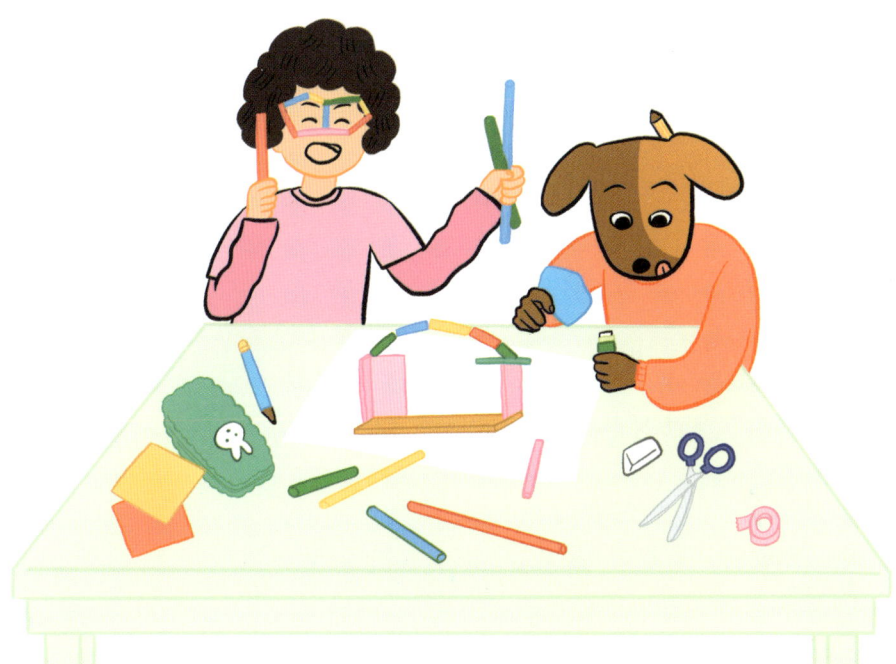

어요.

 윤건이네 모둠에서도 신나게 이야기를 나눴어요. 제일 먼저 윤건이가 의견을 냈어요.

 "우리는 거대한 삼각산 모양으로 교문을 만들면 어떨까?"

 "그것도 좋은데, 교문에 추억을 남기는 건 어때? 우리가 쓴 글들을 교문에 새겨 넣는 거야."

 고은이의 말에 진호가 의견을 더했어요.

"교문 옆 벽면에 우리 학교를 자랑하는 내용들을 안내해도 좋겠다."

"지각하기 전에 달릴 수 있도록 시계도 달고, 오가다가 쉴 수 있게 의자도 놓아두고……."

지수네 모둠에서도 진지한 목소리가 오갔어요.

"교문에서 중요한 건 뭐니 뭐니 해도 안전 같아."

"맞아, 교문에서부터 사람이랑 차가 다른 길로 들어서게 하면 좋겠어."

"어두울 때 환하게 빛을 내는 교문이면 좋겠어……. 자체 발광해서 동네를 환하게 비춰 주는 거지."

웬만해서는 자기 생각을 잘 말하지 않는 도은이가 의견을 내자, 지수가 한껏 목소리를 높여 대꾸했어요.

"와, 정말 좋은 생각이다! 그러면 어두워져도 무섭지 않겠어."

"그리고 학교에 도착하면 교문이 좋은 향기로 우리를 반겨 주면 좋겠어."

한번 말문을 뗀 도은이는 조심스레 하나씩 하나씩 의견을 보탰어요.

"그리고 시계도 있으면 좋겠고."

대학생들은 깜짝 놀랐어요. 처음에는 망설이고 주저하던 아이들이 뚝딱뚝딱 교문 모형을 만들었거든요. 자신이 생각한 바를 잘 표현해 냈고요.

대학생들이 만들어 온 모형 위에 모둠별로 만든 교문 모형을 세워 보았어요. 교문 주변 지형에 맞춰 교문을 세워 놓으니, 마치 진짜로 새 교문이 생긴 것 같아서 신기했어요.

"다음 시간에는 여러분이 만든 교문 모형을 6학년 전체 친구들 앞에서 발표하는 시간을 가져볼까 해요."

뿌듯함도 잠시, 느닷없는 이야기에 서현이와 친구들은 당황했어요.

"왜요???"

"좀 쑥스러운데요."

"이럴 줄 알았으면 더 잘 만드는 건데."

아이들이 걱정스레 말하자 샐러드 샘이 싱긋 웃었어요.

"걱정하지 말아요. 정말 잘 만들었으니까. 여러분이 중심이 되어 교문을 디자인하고는 있지만, 햇살초 친구 전체의 의견을 모아 가면 좋겠어요. 우선 6학년 친구들 앞에서 발표를 해 볼까요?"

"오…… 일이 점점 커지는데요."

훈이가 두 손으로 머리를 박박 긁었어요.

"그럼요, 햇살초의 새로운 역사를 여러분이 만들고 있잖아요."

우동 샘의 응원에 서현이네 교실은 걱정과 기대로 술렁였어요.

8. 1번? 4번?

서현이네 반 교실에는 긴장감이 흘렀어요. 자신들이 만든 교문 모형을 갖고 6학년 친구들 앞에서 발표하는 날이기 때문이에요.

"여러분, 잘 지냈죠? 그런데 오늘 분위기가 이상한데요."

여느 때처럼 활기찬 단무지 샘이 교실을 둘러봤어요. 훈이 얼굴에 그늘이 져 있었어요.

"잔뜩 긴장해서 그래요."

서현이네 모둠에서는 서현이가 발표를 맡았어요. 서현이는 차분하게 발표할 내용을 준비했어요. 그리고 떨리는 마음으로 친구들, 대학생 선배들과 함께 시청각실로 향했어요. 6학년 친구들이 모두 모이려면 큰 공간이 필요했거든요. 긴장한 서현이네 반 친구들과는 달리, 다른 반 친구들은 수업을 하지 않는다는 사실 하나에 기뻐했어요.

시끌벅적한 시청각실에서 박배 샘이 제일 처음 마이크를 잡았어요.

"안녕하세요, 오늘 6학년 학생 모두가 함께 모여서 중요한 결정을 하려고 해요. 바로 우리 햇살초의 새로운 교문을 결정하는 일입니다."

"지난번에 디자인 공모전 해서 끝난 거 아닌가요?"

누군가 물었어요.

"공모전은 햇살초 학생들이 교문에 어떤 바람을 갖고 있는지 알기 위한 과정이었어요. 교문은 어느 한 사람의 디자인만으로 지을 수는 없답니다. 그래서 햇살초에서 6년을 보내며 햇살초 전문가가 된 여러분을 대표하여 6학년 4반 친구들이 건축학과 대학생들과 교문 설계를 다시 했어요. 오늘 여러분의 의견을 모아 최종안을 결정하려고 해요. 그래서 이 자리에 특별히 건축학과 학생들이 왔습니다. 이제부터는 대학생 선배들이 직접 안내를 하겠습니다."

대학생들이 왔다는 소식에 6학년 친구들은 술렁였어요. 박배 샘이 우동 샘에게 마이크를 넘겼어요.

"안녕하세요! 저희는 6학년 4반과 함께 교문 설계를 맡고 있는 한강대학교 건축학과 학생들이에요."

우동 샘은 그동안 서현이네 반 친구들이 어떤 일들을 해 왔는지 빔 화면으로 보여 주며 설명했어요. 아이들은 화면에서 아는 얼굴을 발견하고 반가워했어요.

"그럼, 지금부터 4반 친구들이 직접 마련한 네 개의 교문 설계안에 대해 발표하겠습니다. 잘 듣고 어떤 안이 좋은지 의견을 내면 됩니다. 큰 박수로 발표할 친구들을 응원해 주세요."

첫 번째 차례는 서현이였어요. 텔레비전을 보면 자기 또래 아이가 가수 오디션에 나와 멋지게 노래를 부르던데, 백 명도 넘는 친구들을 앞에 두니 서현이는 첫 마디를 내뱉기 위해 숨을 몇 번이나 들이마시고 내쉬어야 했어요. 방송 조회 때하고는 비교도 되지 않았지요.

"저희 모둠에서 디자인한 교문은 햇살초를 따뜻하게 감싸 주는 삼각산을 기본 상징으로 했습니다. 안전을 신경 써서 교문 입구부터 차와 사람이 다니는 길을 분리했습니다. 또 언덕으로 올라가는 길 앞에 쉴 수 있는 의자를 두고 교문 위에 시계를 설치했어요. 이 교문이 마음에 들면 최종 투표 때

1번을 선택해 주세요."

커다란 화면에 서현이네 모둠이 만든 모형이 나오자 6학년 친구들은 멋지다면서 박수를 쳤어요.

두 번째로 훈이가 무대 위로 올랐어요. 보통 때랑 달리 목소리가 조금 떨렸어요. 얼굴도 빨개졌고요.

"저희 모둠에서는 향기가 나고 만지면 느낌이 좋은 교문을 만들어 보았습니다. 쉬거나 햇빛을 피할 수 있는 공간도 만들었어요. 재밌으면서도 우리 학교만의 특별한 교문을 원하시는 분들은 2번으로 투표해 주세요."

6학년 친구들은 큰 박수를 보내주었어요. 훈이는 후련한지 만세를 부르면서 자리로 돌아갔어요.

세 번째로 윤건이가 발표를 맡았어요.

"저희 모둠에서는 추억을 남길 수 있는 교문을 만들어 보았습니다. 교문에 여러분이 직접 쓴 글이나 그림을 담는 것입니다. 교문 입구에는 우리 학교의 자랑을 넣고, 쉬거나 햇빛을 피할 수 있는 의자와 시계를 설치했습니다. 3번에 투표 부탁드립니다."

끝으로 지수가 발표를 맡았어요.

"저희 모둠에서는 무엇보다 안전을 위해 날이 어두워지면

밝아지는 교문을 만들었습니다. 향기가 나서 기분이 좋아지고 또 시간을 알 수도 있어요. 안전하면서도 빛나는 교문을 원한다면 4번에 투표해 주세요."

6학년 아이들은 4반 친구들의 설명을 들으면서 점점 진지해졌어요. 자신들이 선택한 안이 진짜 학교 교문이 되니까요. 친구들의 신중함에 서현이도 놀랐지요.

"자, 4반 친구들의 설명을 잘 들었지요? 그럼 마음에 드는 디자인에 투표를 시작해 볼게요. 번호만 쓰는 것이 아니라 각각의 안에서 마음에 드는 점도 함께 써 주면 좋겠어요. 그러면 더 좋은 교문을 만드는 데 도움이 되니까요."

단무지 샘이 안내를 끝내고 투표 용지를 나눠 주었어요. 친구들은 어느 교문이 좋은지 화면을 보면서 계속 생각했어요.

"나는 1번이 좋은데? 아니다, 나는 3번!"

여기저기서 어떤 안이 좋은지에 대한 즐거운 고민의 소리가 들렸어요.

투표를 마치고 교실로 돌아온 서현이네 반은 축제 분위기였어요. 떨렸지만 잘 해냈으니까요.

"여러분, 오늘 발표 정말 잘했어요!"

서현이, 훈이, 지수, 윤건이 어깨가 으쓱했어요.

"물론 함께 의견을 나누고 모형을 만든 친구들 덕분이겠죠?"

대학생들은 투표용지를 살펴보며 6학년 전체 학생들의 의견을 모은 다음, 최종 결과를 다음 주에 알려 주겠다고 했어요.

가수 오디션에서는 꼭 최종 결과를 발표하기 전에 "60초 후에 계속됩니다!" 하면서 광고가 시작돼요. 그 짧은 기다림의 순간에도 뱃속이 간질거리며 조마조마한데, 일주일은 어떻게 기다릴까요? 서현이에게는 일주일이 1년보다도 길게 느껴질 것 같아요.

9. 생각하고, 또 생각하고

또 다시 목요일이 되었어요.

"누구네 설계안이 1등이에요?"

돈가스 정식 선생님들 얼굴을 보자마자 윤건이가 외쳤어요.

"하하하, 윤건이는 누구네 모둠이 표를 많이 받았는지가 제일 궁금한가 봐요."

단무지 샘 말에 윤건이가 모두의 마음을 대신해 대꾸했어요.

"열심히 만들었으니 1등 하면 좋죠!"

"결과를 알려 주기 전에, 먼저 투표용지를 살펴볼 거예요. 그런 다음 6학년 친구들이 어떤 교문을 원하는지 정리한 내용을 보여 줄게요."

우동 샘은 빔 화면을 띄웠어요. 네 가지 설계안 중 어느 것이 표를 제일 많이 받았는지만 궁금했는데, 화면에는 아이들이 투표용지에 쓴 선택 이유에 이어, 그중 어떤 의견이 많았는지가 한눈에 정리되어 있었어요.

"우선, 햇살초 6학년 친구들이 가장 바라는 건 삼각산 모양을 본뜨는 거였어요. 그리고 안전을 위해 차와 사람이 다니는 길이 나뉘길 바랐고, 쉬어갈 수 있는 의자 이야기도 많이 했어요."

게시판이나 알림판 같은 역할을 할 수 있는 평평한 판, 햇빛이나 비를 피할 공간, 시계, 화분, 조명 등에 대한 의견도 많았다고 덧붙였어요.

우동 샘의 말이 끝나길 기다렸다는 듯이 훈이가 물었어요.

"그런데 투표 결과는 언제 얘기해 주실 거예요?"

"여러분이 만든 네 가지 모형이 골고루 표를 받았는데, 그중에 가장 많은 선택을 받은 것은 1번 교문 안이에요."

서현이와 친구들은 환호성을 지르며 좋아했어요. 다른 모둠 친구들도 축하해 주었어요.

"오늘은 1번 설계안에 다른 친구들의 의견을 보태 볼 생각이에요."

단무지 샘의 말에 다들 의아하다는 듯한 얼굴이 되었어요.
"끝난 게 아니었어요?"

"하하, 원래 건물을 지을 때는 여러 과정이 있어요. 특히 교문처럼 햇살초 친구들이 함께 만드는 것은 더욱 그렇고요. 1번 설계안을 그래픽으로 그려서 가져왔는데, 이 안에 여러분이 담고 싶은 의견을 그려 주세요."

우동 샘은 아이들에게 그래픽 설계안을 나눠 주면서, 시계를 달고 싶다면 어디에 어떤 모양과 색깔의 시계를 달면 좋겠는지, 삼각산 모양의 구조물은 구체적으로 어떤 모양에 어떤 재질이면 좋겠는지, 의자는 어디에 어떤 모양을 두면 좋겠는지, 조명은 어디에 어떤 식으로 넣을지 등을 그려 보라고 했어요.

서현이는 자신의 모둠이 낸 안이 멋지게 그래픽으로 그려져 있자 마치 진짜 건축가가 된 것 같았어요. 지금까지 큰 틀에서 교문을 생각했다면 이제 작은 부분을 세심하게 생각해야 할 때인가 봐요. 서현이는 즐거운 마음으로 상상을 펼쳤어요. 다른 친구들도 서로 이야기를 나누며 자신의 아이디어를 그림에 담았어요.

"오늘 여러분이 낸 아이디어를 모아서 최종안 두 개를 만

들어 올게요. 교문을 세울 때는 안전 검사도 해야 하거든요. 교문이 비바람에 쉽게 무너져서는 안 되니까요. 사실 모든 건축물을 지을 때 안전 검사를 해요. 교문도 마찬가지인 거고요. 최종안 두 개를 바탕으로 여러분과 선생님들, 그리고 동문회가 최종 투표를 할 거예요."

 햇살초 학생뿐 아니라 선생님과 졸업생도 자신들이 만든 안에 투표를 한다는 소식에 아이들은 한껏 들떴어요. 과연 최종안은 어떤 모습일까요?

10. 축제 같은 최종 투표

 다음 주에는 정식 선생님들뿐 아니라 돈가스 교수님도 함께였어요. 오랜만에 만난 교수님은 그동안 서현이네 반 친구들이 해 온 교문 디자인 프로젝트를 하나하나 되짚으며 칭찬을 아끼지 않았어요. 서현이는 뿌듯했어요.
 "이제 진짜 최종 선택만 남았네요. 교문 세울 곳의 안전 검사를 마치고 두 가지 안을 가져왔어요. A안은 꿈을 향해 나아가는 교문을 표현했고, B안은 포근하게 감싸 주는 교문을 표현했어요."
 알쏭달쏭한 말에 윤건이가 외쳤어요.
 "잘 모르겠어요. 얼른 보여 주세요!"
 교수님이 화면에 설계안을 띄웠어요. A안은 삼각산 능선이 길게 뻗어 있었어요. B안은 삼각산의 봉우리 세 개가 교문에서부터 벤치까지 이어져 있었고요. 교문을 세울 곳 사진에 합성한 설계안은 마치 이미 설치가 끝난 듯 자연스러워 보였어요.

　서현이와 친구들은 꼼꼼하게 최종안을 살펴보았어요. 서현이는 A안이 눈에 들어왔어요.

"나는 이게 더 마음에 들어. 힘차잖아."

"나는 B안이 마음에 들어. 산이 안아 주는 것 같아."

　은지는 봉우리가 여러 개인 안이 더 좋아 보였어요.

　최종 결정은 투표로 하기로 했어요. 투표 과정은 축제 같았어요. 학생이든 선생님이든 어떤 교문이 학교에 더 잘 어울리는지 만날 때마다 이야기를 나누었어요. 전교생과 교직원 모두가 참여하는 투표가 시작되었습니다. 학생들은 학생 회장 선거 때처럼 체육관에 마련된 투표소에 들어가 투표용지에 도장을 찍었어요. 선생님들도 직접 투표에 나섰고, 부모님들은 핸드폰으로 투표에 참여했어요.

　며칠 뒤, 드디어 결과가 나왔어요. 설계안은 A안으로 확정되었어요. 학교 친구들뿐만 아니라 선생님들과 학부모님들도 서현이네 반 친구들이 큰 역할을 했다며 칭찬했어요. 서

현이는 그동안의 노력이 이제 결실을 맺는 것 같아 뿌듯했어요.

 이제 곧 시작되는 여름방학에 원래 있던 교문을 허물고 새로운 교문을 짓는다고 했어요. 2학기 개학식 때는 새로운 교문을 볼 수 있는 거예요. 서현이는 여름방학이 길게 느껴질 것 같았어요.

11. 교문의 빈 자리

 더운 날들이 이어졌어요. 어느덧 여름방학이 끝나 가고 있었지만 서현이는 아쉽지 않았어요. 학교에 가면 새 교문이 맞아 줄 테니까요.

 개학 날이 되어 설레는 마음으로 학교로 향한 서현이는 깜짝 놀랐어요. 교문이 있던 자리가 휑하니 비어 있었기 때문이에요. 서현이뿐 아니라 학교에 들어선 아이들 모두 텅 빈 교문 자리를 한참이나 들여다보고 있었어요. 방학 동안 무슨 일이 있었던 걸까요?

 박배 샘이 들려준 소식은 충격적이었어요. 새 교문을 짓기 직전에 취소가 되었다는 거예요. 안전을 강조한 법이 새롭게 만들어지면서 교문을 세우기 어려워졌다고요. 언덕에 있는 햇살초는 불이 나면 고가 사다리 소방차가 와야 해서 교문 높이를 새 안전 기준인 7미터로 높여야 한대요.

이런 사실을 알고 건축가 교수님과 박배 샘, 그리고 학교에서는 삼각산 모양의 구조물을 새로운 기준에 맞춰 만들어 보려고 했지만, 7미터를 넘어서는 교문은 너무 큰 데다 비용도 정말 많이 들어서 여름방학 동안 만들지 못한 거래요. 절망적인 소식을 전하는 박배 샘의 목소리도 힘이 없었어요.

그 누구보다 열심히 그리고 즐겁게 교문 디자인에 참여한 서현이는 머릿속이 깜깜해졌어요. 친구들과 얼마나 이야기를 많이 나눴는데……. 햇살초를 다니는 동안 가장 기억에 남는 일이었는데……. 훈이는 기어이 눈물을 터뜨렸어요. 윤건이도 속상한지 입을 꾹 다물고 있었어요.

"그럼 저희가 디자인한 교문으로는 아예 지을 수 없는 거예요?"

서현이가 조심스레 물었어요.

"건축가 교수님, 그리고 학교 여러 분들과 상의했는데, 아무래도 지금 디자인으로는 어렵겠어요. 높이를 조정하려면 디자인을 바꿔야 해요."

"헐, 설계를 처음부터 다시 해야 한다고요?"
훈이가 외쳤어요.
"저희가 얼마나 열심히 했는데 어떻게 이럴 수가 있어요?"
윤건이 목소리엔 억울함이 잔뜩 담겨 있었어요.
"속상하긴 하지만……, 그래도 안전한 게 우선이지."
조용히 있던 지수가 한마디 뱉었어요.
"그래요, 교문 디자인할 때 안전의 중요성을 강조했던 것, 기억나죠? 우리, 힘을 내서 다시 도전해 봐요. 포기는 배추 셀 때나 쓰는 말이라고 했지요?"
박배 샘이 친구들을 위로했어요.
원래 있던 교문까지 없으니 서현이는 매일 아침 학교에 들어설 때마다 기분이 가라앉았어요. 교문은 잊고 친구들과 신나게 하루를 보냈다가도 집에 가기 위해 교문을 지날 때면 다시 마음 한구석이 무거워졌지요. 하루 빨리 교문을 다시 세워야겠다는 마음이 점점 커졌어요. 서현이네 반 친구들도 마찬가지였어요. 힘이 빠지긴 했지만 다시 도전해 보기로 했어요.
"선생님, 왜 교문 디자인 시작 안 해요?"
"2학기 지나면 저희 졸업하잖아요."

하지만 박배 샘은 시원하게 대답을 못 해 주었어요. 친구들에게 포기하지 말고 용기를 내라고 했던 선생님이었는데 말이죠. 진짜 큰 문제가 생겼거든요. 교문 디자인은 얼마든지 새로 할 수 있는데, 새 교문 짓는 비용을 지원해 주기로 한 동문회 사정이 나빠지면서 교문을 지을 수 없게 된 거예요. 박배 샘 표정이 어두운 까닭이었지요. 이 소식을 차마 반 친구들에게 전하지 못했기 때문이었어요.

12. 새로운 '똑똑똑'

　교문을 아예 지을 수 없게 되었다는 소식을 들은 서현이는 다시 한 번 절망에 빠졌어요. 디자인을 다시 해야 한다는 사실을 가까스로 받아들이고 힘을 내던 참이니까요. 간신히 잡고 있던 희망의 끈이 바람에 우수수 떨어지는 나뭇잎처럼 떨어져 나갔어요.
　휑한 교문 자리를 뒤로한 채 착잡한 마음으로 교실로 향한 어느 아침이었어요.
　"올 여름을 교문 디자인에 바쳤는데……."
　서현이가 한숨을 쉬었어요. 그러자 윤건이가 비장한 얼굴로 말했어요.
　"방법이 없는 게 아니야."

윤건이의 말에 몇몇 친구들의 시선이 윤건이에게 쏠렸어요.

"우리 학교 선배들이 안전지도를 만들어 동네에서 위험한 곳을 조사한 다음, 이곳을 안전하게 해 달라고 구청장님께 편지 쓴 거 기억나?"

"그래, 구청장님이 답장도 해 주시고, 학교 주변과 동네를 안전하게 바꿔 주셨잖아."

서현이도 잘 알고 있는 이야기였어요.

"바로 그거라고."

"그게 뭔데?"

훈이가 답답하다는 듯 되물었어요.

"우리도 편지를 써 보는 거야."

윤건이의 말에 서현이 머릿속이 반짝 밝아졌어요.

"오~ 윤건이 제법인데?"

훈이가 윤건이 머리를 쓰다듬었어요. 서현이와 은지도 엄지를 들어 주었지요.

"그럼, 이번에도 구청장님께 편지를 써 볼까?"

"교문은 다른 분께 편지를 써야 하는 거 아니야?"

"맞아. 사회 시간에 지역 문제는 구청, 학교 문제는 교육청에서 풀어 간다는 거 배웠잖아."

조용히 듣고 있던 지수가 말했어요.

"역시 브레인 장지수! 그래, 그럼 교육청에 편지를 쓰자."

"교육청 누구에게 편지를 써야 할까?"

"누구긴? 바로 교육청을 대표하는 교육감님께 쓰는 거지."

윤건이의 말에 갑자기 반 친구들이 신이 났어요.

마침 박배 샘이 교실로 들어섰어요. 윤건이는 교육감님께 편지를 쓰자고 제안했어요. 윤건이를 비롯한 친구들의 이야기를 들은 박배 샘이 반가워했어요.

"선생님도 어찌할 줄 모르고 있었는데……, 여러분 참 자랑스럽습니다!"

사실 그동안 박배 샘은 교문을 어떻게 하면 다시 만들 수 있을까 알아보느라 정신이 없었어요. 반 친구들의 말에 왜 이 생각을 못했을까, 했지요.

다음 국어 시간이 되었어요. 모두 준비해 온 편지지를 꺼냈어요. 서현이는 편지지를 앞에 두자 뭐라고 써야 할지 막막했어요. 몇 달 동안 일어난 일들이 머릿속에서 뒤죽박죽 되었어요. 하지만 처음부터 찬찬히 돌이켜보면서 할 말을 정리했어요. 교문을 다시 세우고 싶은 간절한 마음을 담아

서요. 교육감님이 친구들의 이야기를 들어줄지는 알 수 없지만, 이렇게라도 도전해 보지 않으면 후회가 될 것 같았어요. 다른 친구들도 마음을 모아 정성껏 편지를 썼어요.

교육감님께

안녕하세요? 저는 햇살초등학교 6학년 4반 강서현입니다.
불행하게도 지금 햇살초에는 학교의 상징과도 같은 교문이 없습니다. 예전 교문은 체험 학습 때 이용하는 버스가 통과하지 못하는 문제가 있어서 교문을 바꾸기로 하고 전교생의 머리를 모아 디자인을 했어요. 그런데 안전상의 문제가 생겨 설계안을 바꾸어야 하는 데다 비용을 지원해 주기로 한 동문회에 사정이 생겨 새 교문을 만들지 못하고 있습니다.
교육감님이 도움을 주실 수 있을까요?
졸업 사진은 꼭 저희 힘으로 만든 교문 앞에서 찍고 싶어요.
새 교문을 세운다면 후배들도 고생하지 않고
체험 학습을 갈 수 있고요.
그동안의 저희 노력이 헛되지 않게 도와주세요!

－강서현 올림

"여러분의 소중한 편지들은 제가 보내도록 할게요."

편지를 모아서 우체국으로 향하는 박배 샘의 뒷모습에 모두 "화이팅!"을 외쳤어요.

여러 날이 흘렀어요. 서현이네 반 친구들은 운동장에서 우편집배원을 발견하면 달려가 6학년 4반에 온 편지가 있느냐고 묻기도 했어요.

그러던 어느 날 박배 샘이 웃으면서 선물이 있다고 했어요. 선생님은 뒷짐 진 손에서 봉투를 꺼내들면서 말했어요.

"여러분의 편지에 교육감님께서 직접 답장을 주셨답니다."

서현이와 친구들은 환호성을 지르고 박수를 쳤어요. 큰 목소리로 만세를 부르는 친구도 있었고요.

박배 샘이 편지를 읽어 주었어요. 교육감님이 교문 만들기에 도움을 주시겠대요! 멋진 도전을 하는 친구들에게 격려와 응원을 보낸다고 했어요.

"이 편지는 선생님에게도 감동이에요! 여러분 모두에게 소중한 편지일 듯싶어서 복사해 왔답니다."

박배 샘은 친구들 모두에게 편지를 나눠 주었어요.

'와! 이 편지를 보면 엄마 아빠도 엄청 놀라시겠는데?'
서현이는 편지를 곱게 접어서 가방에 챙겨 넣었어요.

13. 두 번째 도전

 교문을 다시 만들기로 한 소식은 돈가스 교수님께도 전해졌어요. 정식 선생님들도 이 소식을 듣고 무척 기뻐했어요. 그런데 교문 위치가 또 달라졌다고 해요. 예전 교문이 있던 언덕 아래로요. 언덕 아래부터 학교가 시작되니 교문도 아래에 있는 것이 좋겠다고 학교운영위원회와 학부모님들이 의견을 주었기 때문이에요.
 교수님은 친구들을 격려하기 위해 학교로 찾아왔어요. 맛있는 간식과 함께요.
 "정말 대단해요! 여러분 덕분에 교문 만들기가 다시 시작되었어요! 이번에는 여러분 의견을 더 많이 반영하면서 교문을 디자인하려고 해요. 어떤 교문을 만들면 좋을까요?"

교수님의 질문에 윤건이가 제일 먼저 손을 들었어요.

"위치가 바뀌었으니까 예전과는 다른 디자인이어야 할 것 같아요."

"고가 사다리 소방차도 들어와야 해요."

"교문 옆에 옹벽이 있으니, 그것도 생각해야 해요."

서현이와 은지 얘기를 들은 교수님이 흐뭇하게 미소 지었어요.

"역시, 여러분은 이미 건축가네요! 오늘 그 시작을 위해 함께할 것이 있어요."

교수님이 아크릴 판을 나눠 주었어요.

"이것이 여러분에게 또 다른 세상을 보여 줄 거예요."

"그냥 투명판인데요."

훈이가 요모조모 보며 말했어요.

"카메라로 사진 찍을 때 보이는 프레임처럼 이 판이 있으면 장소를 좀 더 집중해서 볼 수 있어요. 이 방법은 대학교 건축 수업에서도 하는 거랍니다. 아크릴 판으로 장소를 관찰하면서 그곳에서 일어나는 일들을 그려 보는 것도 도움이 될 거예요."

교수님은 아이들을 데리고 새 교문을 세울 곳으로 향했어요. 그리고 아크릴 판으로 교문이 자리 잡을 주변을 관찰해 보라고 했어요.

"나는 그냥 똑같아 보이는데? 너는 좀 달라 보여?"

은지가 어리둥절해하며 서현이에게 물었어요.

"음, 찬찬히 보면 카메라로 보는 거 같아. 우리, 그림도 그려 보자."

서현이는 아크릴 판 위에 수업이 끝나고 걸어 내려오는 동생들을 그렸어요.

"이렇게 하니까 진짜 아이들이 내려오는 것 같아."

"오, 그럴 듯하다!"

"투명 사진기로 촬영하는 것 같아. 왠지 한 발 떨어져서 장소를 보게 되네?"

"우리가 건축가가 된 것 같다!"

교수님은 아크릴 판을 가지고 이곳저곳을 살펴보며 이야기 나누는 아이들을 둘러보았어요. 다른 반 친구들과 수업을 마치고 집에 가는 동생들이 신기한 듯 서현이네 반 친구들을 지켜보았지요.

서현이네 반 친구들은 교문 자리를 둘러보고 나서 교실로 돌아왔어요.

"교문 세울 장소에 다녀온 느낌이 어떤가요?"

"역시 현장에 가야지 영감이 떠오르는 것 같아요."

훈이와 윤건이가 주거니 받거니 이야기를 하자 교수님도 웃었어요.

"맞아요. 저도 지난번 교문을 설계할 때 학교에 몇 번이나 다녀갔어요. 왜냐하면 현장을 제대로 봐야지 제대로 된 건축물을 만들 수 있거든요."

교수님이 말을 이었어요.

"새 교문 자리는 조금 특별해요. 이전에는 사방이 틔어 있었다면 이번에는 옹벽이 높다랗게 있으니까요. 이럴 땐 예전과 달리 기둥을 하나 세우는 것도 생각해 볼 수 있어요. 참, 무엇보다 고가 사다리 소방차가 들어올 수 있어야 한다는 점, 잘 알고 있지요? 새 교문을 설계할 때는 이 점을 잘 생각해 보면 좋겠어요."

서현이와 친구들은 힘차게 고개를 끄덕였어요.

"좋습니다! 여러분의 도전을 응원하려고 간식을 준비해 왔어요."

"역시, 돈가스 교수님이 최고예요!"

아이들은 웃었지만 정작 교수님은 깜짝 놀랐어요. 자신의 별명이 '돈가스 교수님'이라는 것을 처음 알았거든요.

2학기가 얼마 남지 않은 터라, 지난번 교문 디자인에 가장 많은 활동을 했던 서현이네 반 친구들이 새 교문 디자인에 중심 역할을 맡기로 했어요. 이번에도 건축가 교수님과 대학생 선배들이 도움을 주기로 했고요.

일주일 후, 교문을 만들기 위한 특별 수업이 다시 시작되었어요.

"우리가 알고 있던 교문과 완전히 다른 교문이 필요해."

훈이가 운을 떼었어요.

"지금까지 열심히 생각을 모아 온 것이 정말 아까워."

"그렇긴 한데, 예전 디자인으로 7미터 넘는 교문을 만들려면 비용이 너무 많이 들어서 교문을 또 못 만들 수도 있어."

은지가 아쉬워하자 민우가 선을 그었어요.

"비용도 비용인데, 학교 입구에 있는 옹벽 때문에 예전 디자인은 안 어울려."

"높다란 옹벽이 있으니까, 두 개의 기둥이 있으면 이상할 것 같아."

윤건이와 서현이도 의견을 냈어요.

"그럼, 교수님 팁처럼 하나의 기둥을 세우면 어떨까?"

아이들은 어느새 건축가가 된 것처럼 열정적으로 이야기를 나눴어요. 아이들이 스스로 나서서 의견을 주고받는 모습을 지켜보며 교실을 찾은 정식 선생님들은 칭찬을 아끼지 않았어요.

토론 끝에 탑처럼 기둥이 하나만 있는 디자인으로 의견이 모였어요. 옆에 높은 옹벽이 있어서 기둥을 두 개 세우면 예전처럼 버스가 교문으로 들어올 수 없겠다는 생각이 들었기 때문이에요. 고가용 소방차가 오갈 수 있으려면 윗면이 있으면 안 되겠다는 생각도 들었고요.

"기둥이 하나라고 생각하니까 훨씬 더 재밌는데? 지난번이랑 완전히 다른 디자인이 나올 것 같아."

지수가 눈을 반짝였어요.

서현이네 반 친구들은 새로운 기준을 생각하며 다시 상상력을 발휘했어요.

민우는 종이에 뭉툭한 연필을 그렸어요.

"학용품 모양의 교문은 어때? 연필도 좋고."

"지난번 공모전 때 숟가락과 포크 디자인 재미있었는데. 기둥으로 세우기 딱 좋잖아?"

훈이가 말하자 윤건이가 퉁을 주었어요.

"재밌긴 한데, 학교가 식당이냐?"

"진짜로 만들어지면 아마 세계 최초일지 몰라."

훈이가 넉살 좋게 웃었어요.

"나는 삼각산 모양도 살리면서 연필 모양으로 해도 좋겠어."

서현이가 말했어요. 삼각산을 상징하는 건, 지난번에도 많은 사람들이 공감해 주었으니까요. 미처 짓지 못한 교문의

　아쉬움을 달래 보고 싶기도 했고요.
　서현이네 반 친구들은 대학생 선배들과 함께 다시 한 번 인터넷에서 '교문'을 검색해 보았어요. 돌하르방을 세워 만든 교문, 나무 한 그루가 서 있는 듯한 디자인의 교문, 두 손이 학교를 받치고 있는 듯한 디자인의 교문 등 신기한 교문을 보면서 자신들도 충분히 멋진 교문을 디자인할 수 있겠다는 자신감이 생겼어요.
　박배 샘은 열심히 교문을 만들기 위해 노력하는 반 친구들을 보면서 흐뭇해했어요.

14. 연필이자 삼각산이 반겨 주는 햇살초

 돈가스 교수님과 정식 선생님들이 지난 수업 때 아이들이 낸 디자인을 훑어보며 말했어요.
 "여러분이 가장 의견을 많이 낸 안이 연필 디자인인데, 그 아이디어가 멋지게 다가왔어요."
 "정말요?"
 지수 눈이 동그래졌어요. 지수도 연필 모양으로 디자인했거든요.
 "연필 모양으로 그린 친구 중에는 이것이 연필만이 아니라 삼각산을 상징하는 모습이라고 이야기한 친구도 있었어요."
 "서현이가 그랬어요. 1학기 때도 삼각산 모양으로 디자인했잖아요."

은지가 대꾸했어요.

"연필 모양이면서 삼각산을 상징할 수 있는 디자인으로 최종안을 마련해 보면 어떨까요?"

교수님의 말에 연필 모양으로 디자인했던 친구들이 야호! 환호성을 질렀어요.

이제는 좀 더 구체적인 디자인을 해야 할 때예요. 연필 모양이되 높이와 두께는 어느 정도가 되어야 할지, 옆면이 둥그런 연필이 좋을지 아니면 각이 있는 연필이 좋을지, 색은 어떤 색이 좋을지, 재료는 어떤 재료를 써야 할지, 연필은 한 자루가 좋을지, 아니면 여러 자루가 있는 게 나을지. 1학기 때 한 차례 해 봤던 터라 자연스레 여러 이야기가 오갔어요.

"연필 모양에, 연필심 부분은 삼각산 봉우리처럼 표현하면 좋겠다. 초록색으로."

민우가 의견을 내자 윤건이가 장난스럽게 말했어요.

"그럼 초록 색연필 되는 거 아니야?"

"난 교문이 타임 캡슐처럼 역사를 이었으면 좋겠어."

훈이의 뚱딴지 같은 말에 지수가 되물었어요.

"교문에 웬 타임 캡슐? 역사를 잇다니?"

"1학기 때 교문 디자인하면서 누군가 교문에 역사를 담으면 좋겠다고 했잖아. 예전 교문을 부순 돌을 새 교문 지을 때 다시 활용하면 어떨까?"

훈이가 찬찬히 설명했어요.

"그래, 비록 그 교문 때문에 버스가 들어오지 못해 우리가 엄청 고생했지만, 그 교문이 오랫동안 그 자리에 있었지."

윤건이가 말했어요.

"그러니까, 그 돌을 활용해서 교문을 만들자고?"

서현이가 물었어요.

"응, 그 돌조각에 전교생이 한마디씩 써 넣으면 어떨까?"

"재활용하는 거네?"

아이들이 주고받는 이야기를 귀담아 듣던 교수님이 말했어요.

"진짜 좋은 아이디어예요. 최근 건축 현장에서도 환경을 해치지 않는 것과 역사를 새기는 것이 중요하게 다뤄지고 있거든요. 새 교문을 지을 때 예전 교문의 돌조각을 활용하면 쓰레기를 없애니 환경에도 도움이 되고, 햇살초의 역사를 이을 수도 있는 거지요."

윤건이와 지수는 연필 아랫부분은 색다른 재질로 하면 어떻겠느냐고 했어요. 시간이 지나면 자연스레 녹이 스는 철

로요. 몇몇 친구들은 새 교문인데 왜 오래된 교문처럼 보이게 하느냐며 반대를 했어요. 하지만 윤건이가 시간이 흐르면서 변해 가는 철의 색깔이 성장하는 학생들의 모습과 비슷하다는 주장을 하자, 정식 선생님들이 멋지다고 응원해 주었어요.

"좋습니다. 이제는 여러분의 최종 교문 구상안을 전체 학생들과 선생님들, 학부모님들께 알린 다음, 그에 대한 최종 의견을 받아 보고 결정하면 좋겠어요."

15. 꿈을 담은 교문

　일주일 동안 최종 교문 디자인에 대한 의견이 모였어요. 서현이네 반 친구들의 의견대로 연필 모양의 교문을 세우되, 바위로 된 삼각산처럼 돌조각들을 모아서 연필 안을 채우기로 했어요. 하지만 예전 교문은 한참 전에 부순 터라 돌조각이 남아 있지 않았어요. 결국 삼각산에 있는 돌들과 비슷한 돌멩이들에다가 전교생이 꿈을 적어 철망 안에 넣기로 했어요.

"그런데 돌이 회색이라 연필이 너무 칙칙해 보이지 않을까? 돌조각을 예쁘게 색칠한 다음 글씨를 쓰면 어때?"

　은지가 의견을 냈어요.

"그래, 그러면 글씨도 더 잘 보이겠다! 돌을 무지개 색으로 칠하면 어때?"

서현이가 반기며 의견을 더했어요.

"교문이 무슨 무지개떡이냐?"

윤건이가 말했어요.

"박배 샘이 예전에 미술관에서 무지개 젓가락을 사 가지고 오셨잖아. 세상은 흑과 백만 있는 것이 아니라 무지개처럼 다양한 빛깔이 있다고 하면서."

서현이가 덧붙이고는 은지를 돌아보았어요.

"참, 너는 돌에 뭐라고 쓸 거야?"

"난 내가 좋아하는 아이돌 그룹 이름을 쓰고 싶어. 'BTA여 영원하라!' 이게 내 꿈이야."

"나는 우리가 교문을 바꾼 역사를 쓰고 싶어."

친구들은 저마다 다양한 의견을 내었어요.

"어느새 교문 전문가들이 다 되었네!"

박배 샘이 씩 웃었어요.

서현이네 반 아이들의 의견이 반영되어, 돌을 무지개 빛으로 색칠한 뒤 1학년부터 6학년까지 전교생이 자신의 꿈을 써 넣기로 했어요.

그 사이 겨울방학을 맞았어요. 방학 동안 연필 모양의 교문이 세워졌어요.

개학식 날 새 교문을 본 다른 반 친구들의 반응은 시큰둥했어요.

"에이. 이게 뭐야."

연필 중간 부분은 철망이라 비어 있었거든요. 아직 돌을 채우지 않았으니까요. 게다가 아랫부분은 녹이 슨 것 같은 철로 되어 있었어요.

"왜 이제 막 지었는데 철이 녹슬어 있지? 고물상에서 주워다 쓴 건가?"

윤건이와 지수는 자신들의 비장의 무기를 몰라주는 친구들이 안타까웠어요. 하지만 언젠가는 철의 멋을 알아주리라 생각했어요. 지금은 녹이 슨 듯 갈색이지만 시간이 지나면 붉은 색깔로 멋지게 변할 테니까요.

햇살초 모든 학생들은 미술실에서 자신들이 남기고 싶은 글을 썼어요.

서현이는 고르고 고른 말을 꼭꼭 써 넣었어요. "우리가 교문을 바꿨어요!" 은지도, 윤건이도, 훈이도, 지수도, 어느 때보다 신중했어요. 꿈을 담은 돌들은 글씨가 마를 동안 미

술실에 보관했어요. 서현이는 하루 빨리 돌을 연필 모양의 교문에 채워 넣고 싶었어요.

빈 철망에 돌을 넣는 일은 세 번에 나누어 하기로 했어요. 전교생이 한 번에 다 모일 수는 없으니까요. 드디어 교문에 첫 돌을 넣는 날이 되었어요. 첫 날에는 교장 선생님과 전교 어린이 회장단, 그리고 교문 디자인에 가장 많은 역할을 한 서현이네 반 친구들이 돌을 넣기로 했어요.

연필 모양의 교문은 어른 키보다 훨씬 높아서 아이들이 직접 철망에 돌을 넣을 수는 없었어요. 그래서 교문 설치를 하시는 분이 도움을 주기로 했지요. 아이들이 하나씩 하나씩 전한 돌들은 철망 안에 차곡차곡 쌓였어요. 알록달록 예쁜 빛으로요.

서현이는 돌을 들고 차례를 기다렸어요. 몇 개월 동안의 일들이 머릿속으로 스쳐 지나갔어요. 거의 완성된 교문 앞에 서 있으니 힘든 기억보다는 즐거운 기억이 더 많이 떠올랐지요.

서현이와 친구들은 이 순간을 기념하고 싶어서 사진을 찍었어요. 박배 샘도 흐뭇하게 이 모습을 찍었고요. 누구보다 열심히 사진을 찍는 선생님을 보면서 친구들이 놀렸어요.

"선생님, 또 기록 사진 찍으시는 거죠?"

"하하, 맞아! 교문 만드는 과정을 남겨 두면 좋잖아."

"하긴, 교육 여행 때 선생님이 찍었던 사진이 우리에겐 추억이었지만 돈가스 교수님과 정식 선생님들에게는 중요한 자료였잖아요."

윤건이가 이제야 알겠다는 듯 웃었어요.

철망에 알록달록한 돌들이 채워지자 교문을 보는 친구들의 눈빛이 달라졌어요. 교문이 매일 매일 조금씩 바뀌어 가는 걸 보는 것도 큰 재미였어요.

어느새 세 번째로 돌을 넣는 날이 되었어요. 오늘이야말로 교문이 진짜로 완공되는 거지요. 돈가스 교수님과 정식 선생님들도 왔어요.

"오늘 이 자리는 6학년 4반 친구들이 주인공이랍니다. 어려운 과정을 이겨내고 디자인 설계까지 마무리하여 교문이 완성되었기 때문이에요. 정말 축하합니다!"

서현이네 반 친구들과 몇 개월을 함께해 온 교수님과 정식 선생님들도 아이들만큼이나 기뻐했어요.

마지막 돌이 철망 안으로 들어간 순간, 모두 왁자하게 소리치며 박수를 쳤어요.

"드디어 완성이다!"

"포기하고 싶을 때도 많았는데……, 결국은 해냈어!"

훈이는 두 주먹을 불끈 쥐며 한껏 벅찬 모습을 보였어요.

"우리만의 타임캡슐 같아! 우리, 10년, 20년 후에 이곳에서 만나서 다시 기념 사진 찍자!"

은지가 말했어요.

선생님들과 학부모님들도 새로 만든 교문이 햇살초의 개성을 잘 살렸다면서 칭찬했어요.

다음 주면 졸업이에요. 오랫동안 다닌 학교를 떠나기 무척 아쉽지만, 서현이는 자신들의 힘으로 만든 멋진 교문이 햇살초를 지킬 거라고 생각하니 뿌듯했어요.

교문을 바꾸는 일은 연필 모양의 기둥을 설치하는 데서 끝나지 않았어요. 1학기 때 교문을 디자인하면서 의견을 냈던, 쉬어 갈 수 있는 의자가 생겼거든요. 언덕길에 있는 의자 쉼터는 햇살초 친구들뿐만 아니라 1학년 친구들과 함께 오시는 할머니, 할아버지들에게도 큰 인기였어요.

졸업식 날, 교육감님이 멋진 현판을 선물해 주었어요.

꿈을 담은 교문

이 교문은 햇살초 학생들이 직접 디자인하고
함께 제작에 참여해서 이뤄 낸 것입니다.
학생들은 예산 마련을 위해 교육감인 저에게 편지를 썼고,
이에 교육청에서 지원하여 교문을 완공했습니다.
교문에 담긴 햇살초 학생들 모두의 꿈이
이뤄지길 응원합니다.

— 교육감

이 기념판은 교문 옆에 자리 잡았어요.

이번 졸업식은 더욱 특별한 점이 있었어요. 박배 샘도 올해를 끝으로 다른 학교로 옮기거든요. 그래서 박배 샘도 함께 졸업하는 기분으로 햇살초 마지막 졸업식을 마쳤어요. 꿈을 담은 교문이라는 말처럼 모두의 꿈이 이루어질 바라면서 정들었던 학교와 교문에 인사를 했답니다.

작가의 말

꿈을 담은 교문으로
여러분을 초대합니다!

　학교에 가면 우리를 제일 먼저 반겨 주는 것이 있습니다. 바로 교문이에요. 사실 사람들 대부분 교문을 자세히 살펴보지 않습니다. 교문은 으레 학교 입구에 있는 것으로 여기기 때문이에요. 대개 비슷하게 생기기도 했고요.

　그런데 세상에 없는 교문을 만들어 낸 친구들이 있답니다. 바로 이 책의 실제 주인공들입니다. 이 책은 서울삼양초등학교 친구들이 4년에 걸쳐 교문을 직접 디자인한 이야기를 동화로 담아낸 것입니다. 세상에 단 하나뿐인 교문이 어떤 과정을 통해 만들어졌는지 그 역사를 남기기 위해서예요. 서울삼양초 친구들은 2016년 3월부터 2019년 9월까지 교문을 직접 디자인하고, 심지어 교문 만드는 과정에 문제가 생겼을 때 교육감님께 편지

새 교문 앞에서 기뻐하는 서울삼양초 6학년 4반 학생들(출처: 한겨레)

를 써서 예산을 확보하기도 했습니다.

　맨 처음 새 교문을 위한 디자인 공모전을 연다고 했을 때 서울삼양초 친구들이 만세를 부르며 신나했던 모습이 떠오릅니다. 자신들이 직접 디자인하는 것도 재밌는 데다 수상을 하면 문화상품권을 선물로 받을 수 있었기 때문이에요. 덕분에 즐겁게 교문 디자인이 시작되었답니다. 하지만 막상 교문을 만드는 과정은 쉽지 않았어요. 갑자기 여러 문제가 생기면서 교문 만들기가 중단되었다가 다시 시작되기를 반복했거든요. 그런데도 용기를 잃지 않고 도전을 계속한 친구들 덕분에 세상에 단 하나뿐인

'꿈을 담은 교문'이 만들어졌답니다. 교문 기둥 안에 전교생 한 명 한 명이 저마다 꿈을 쓴 돌멩이들을 넣었거든요.

　서울삼양초 교문은 뉴스에도 소개되고, 또 전국 여러 학교 선생님들이 직접 찾아와서 살펴보는 명물이 되었답니다. 학생들이 직접 한 교문 디자인과, 교문을 만들기 위해 노력했던 수많은 친구들의 도전을 직접 확인하기 위해서예요. 학생들이 만든 교문이 새로운 역사로 자리 잡게 된 것입니다.

　4년 동안 교문을 만든 서울삼양초등학교 친구들에게 감사 인사를 드립니다. 더불어 오랜 시간 동안 친구들과 함께하며 많은 도움을 주셨던 강정은, 홍경숙 건축가, 서울시립대학교 정석 교수님, 서울시립대학교 도시공학과 디자인어스, 평화박물관 한홍구 선생님, 김영준 건축가와 최현섭 교장 선생님께도 감사 인사를 드립니다.

　여러분들도 이 책을 읽으면서 서울삼양초 친구들처럼 유쾌한 상상력으로 새로운 도전들을 많이 펼쳐 나가면 좋겠습니다. 무엇보다 교문을 바꿔 가는 과정을 이렇게 책으로 만들어 함께 나눌 수 있어 기쁩니다!

배성호